ワークスタイル・アフターコロナ

「働きたいように働ける」社会へ

Diverse Workstyles After COVID-19

松下慶太
関西大学社会学部教授

イースト・プレス

はじめに

筆者は現在、メディア・コミュニケーションとワークショップ・デザインの視点から、大学で「働き方」について研究している。

メディア・コミュニケーションと言うと、若者によるケータイ・メールから、ＬＩＮＥ、TikTokなどが思い浮かぶかもしれない。彼ら彼女らが交わすメディアでのコミュニケーションは興味深いが、それと同時に、これだけメディアがあふれているなかで、リアルな場や経験がどのような価値を持たせられるか、も同じくらい興味深いテーマだ。

メディア上とリアルな場でのコミュニケーションや経験の関係は、一見、相反するものであるが、実はそれぞれが影響しあって成立している。ワークショップ・デザインも、そうした文脈で捉えることができる。例えば、インターネットは、自宅にいながら世界中とつながることができるテクノロジーとして考えられていたが、それがケータイやスマートフォンなどのモバイルメディアと組み合わさることによって、私たちはより多く、より遠くに移動し、さらにより集まり、よりつながるようになった。

はじめに

近年、「メディア中心的ではないメディア研究（Non-Media Centric Media Studies）」という考え方が登場し始めている。これまでメディア研究は、メディアの機能を過剰に重視する、あるいはメディア上で起こることだけを研究の対象にしてきたきらいがある。そのため、メディアだけではなく、都市や地域、建築、あるいは経営、組織などの領域にも越境することが、今後のメディア研究の一つのあり方としてありうる、というものだ。

メディア・コミュニケーションという視点から「働き方」を考えると、すぐにイメージするのはテレワーク、リモートワークだろう。しかし、筆者のメディア的な研究関心を最初に「働き方」に引き寄せたのは、二〇一五年前後に訪れたコワーキング・スペースだった。

当時、渋谷に広がりつつあったコワーキング・スペースには、一部からは意識が高いと嘲笑されつつも、さまざまな人が集まり、人と人がつながることでクリエイティブになる、イノベーションを生み出すのだ、という熱気があった。日々行われるピッチや交流イベント、ワークショップでさまざまな人と出会い、話し、次にどんなことをしようと語る。こうした経験から、ネット上での活動をフィジカルな空間に現出させるとこうなるのかも、そしてそれと同時にネットだけではできないことを生み出そうとしているのかも、という思いを持った。

その後、日本のコワーキング・スペースだけではなく、ニューヨークやサンフランシスコ、フィンランドやデンマーク、ドイツ、フランス、シンガポールやバリ島など、世界各地のコワーキング・スペースを訪問して回ることになる。おそらくコワーキング・スペースへの滞在時間と、そこで行った仕事量なら、筆者は大学の研究者としては（自慢にならないが）日本有数だと思う。

リゾート地と言われるところにも、徐々にコワーキング・スペースが増えてきた。これまで、リゾート地で日本人はアクティブに動き回るが、欧米人はプールサイドでのんびり本を読んでいる人が多いと言われてきた。そこから更に進んで、リゾート地のコワーキング・スペースで仕事をする人や、旅をしながら（あるいは旅を続けるために）仕事をするデジタルノマドもよく見かけるようになってきた。

そこで一時的なとまり木として仕事をするというスタイル、彼ら彼女らがコーヒーやビールを片手にその場でポップアップにコミュニティをつくっていくという関係性のあり方やつくられ方は、非常に興味深いものだった。仕事をしつつ、午後には目の前にある海にサーフィンに行く彼ら彼女らのワークスタイル、ライフスタイルは、「メディアを使っているからこそ」と、「メディアではできない」とが融合したスタイルだと言える。

働くことにおいて、企業目線の生産性向上やイノベーション創出も重要だが、こうしたワーカー一人ひとりの幸福感、心身の健康は、個人、ひいては社会の持続性という意味で、非常に重要な要素になってくると信じている。

モバイルメディアによるコミュニケーションやそれにともなう経験デザインと、地理学や建築で議論される都市や地域などの空間・場所との接点から、オフィスやテレワーク、ワーケーションなどのワークスタイル、ライフスタイルについて、『モバイルメディア時代の働き方』（勁草書房、二〇一九）に著した。

そこに二〇二〇年のコロナ禍である。コロナ禍は当然のことながら、筆者の生活にも大きく影響を与えた。筆者は高校生のころに神戸で阪神大震災を、その後、東京で東日本大震災を経験しているが、その対象となる人や世界も含めた地域の広がり、期間の長さからして、最も大きなインパクトになるだろう。

二〇二〇年四月から新しい大学に移籍をしたばかりだったので、勝手がわからないまま、ほとんど大学に行かない生活になった。メディアを専門にしているので、オンラインでの授業はそれほどストレスなく、むしろ興味を持って運営することができたが、ワークショップ・デザインのほうは、それまで身体性など、対面の価値をどう高めるかという志向でやってきたこともあり、非常に苦戦したし、今後どうあるべきかには頭を悩ませている。

また、家庭を振り返ると、子どもの幼稚園が緊急事態宣言で休園や分散登園となり、共働き世帯であるわが家では、筆者が子どもと過ごしたり、夫婦どちらも家で仕事をしたりしていた。家族の協力もあり、それほど大きなストレスにはならなかったが、コロナ禍以前のようなペースでの仕事、出張やワークショップで飛び回るというワークスタイルは、根本的に成立しなくなった。

筆者はこうした状況を、「崩れたブロック」として受け止めた。ブロックで何か建物をつくっていて、ある日それがバラバラになったようなものだ。それを元通りにつくり直したいという欲求や必要性もあるかもしれない。

しかし、「そもそも、どういったものをつくりたかったんだっけ?」「もう一度つくるとしたら、どういったものをつくりたいのか?」と改めて考えながらつくり直していくと、最初とは異なる新しいものができたりする。崩れてしまったことは悲しいし、元に戻したい気持ちはあったとしても、改めてつくり直すなかに、面白さを見出すこともあるし、それが重要なのだと思う(と息子にも言っている)。

本書では「働く」にまつわる状況を、元に戻していく「ジグゾーパズル」ではなく、こうした「ブロック」として捉えたい。そのため本書は、元に戻すための説明書ではなく、またこうあるべきという指南書でもない。むしろ、改めてどういったものをつくりたいのか、つくることができそうか、という想像を膨らませたり、つくってみたりすることへ一歩踏み出せる、そんな物語になっていれば幸いである。

CONTENTS

ワークスタイル・アフターコロナ

CHAPTER 2 「オフィス」はどこになるのか？　81

CHAPTER 3
「通勤」と「会議」に意義はあるのか？

CHAPTER 4
「テレワーク」と「ワーケーション」は広がるのか？

PROLOGUE

コロナ禍で「ライフスタイル」はどう変わったのか?

コロナ禍による「ニューノーマル」とは何か

二〇二〇年三月一三日に成立した新型コロナウイルス対策の特別措置法に基づき、四月七日に緊急事態宣言が出されて以降、同年五月二五日に解除されるまでのおおよそ二ヶ月間、私たちは「不要不急」な用事を除いて、仕事、買い物、食事、学校教育、趣味など、さまざまな活動を自宅で行うことになった。こうした経験をするのは、二〇一一年の東日本大震災以来であっただろう。

ただし、東日本大震災では、地震や津波といった災害そのものへの対応や備えとして活動が制限されたのに対して、緊急事態宣言は、ウイルスに自分が感染するかもしれない、他の人を感染させないようにしなければ、という「予防」と「不安」による活動自粛という意味合いが強かったと言える。

東日本大震災の際に企業で注目されたことに、**災害などが起こったときにも企業活動が継続できるように、ＢＣＰ（Business Continuity Plan：事業継続計画）を策定すること**があった。

それがコロナ禍においては、企業だけではなく私たち個々人も、仕事を継続できるようにするＷＣＰ（Work Continuity Plan：仕事継続計画）、そして生活を継続できるようにするＬＣＰ（Life Continuity Plan：生活継続計画）を策定することの重要性に気づいたのではないだろうか。

夏になると、仕事や学校、スポーツ、外食、旅行などが、感染予防対策を取りつつも次第に再開されていった。恐る恐るではあるが、気をつけていれば元の日常に戻ることができる、という気持ちを持ち始めていただろう。

しかし、冬に感染者数も増大し、改めてブレーキを踏む生活が必要になってきた。

私たちは、こうしたコロナ禍での生活をどのように捉えることができるのか。コロナ禍において、よく「我慢」という言葉を耳にした。もちろん、感染拡大を抑えるために自粛は重要であっただろう。しかし、それと同時にいっとき「我慢」さえすれば、コロナ禍以前の日常生活に戻ることができると、なんとなく思っていたのではないだろうか。

実際は、コロナ禍での「我慢」とは、元に戻るのではなく、むしろ（私たちが意図していなくても）ジェットコースターのように加速していくものである。そして加速して向かっていく先は、**これまでの日常生活の延長線上ではなく、これまでとは異なる「ニューノーマル」**である。

ただし「ニューノーマル」といっても、今までとは全く異なるものに置き換わるというわけではない。

いわゆるウィズコロナでの生活が一年近く続く、いわば強制的に社会実験のような生活を送っていくなかで、やはりコロナ禍以前に戻したい部分と、今後もこのまま続けていきたい部分とが混在するようになった。あるいは、ある部分について、コロナ禍以前に戻したい人と戻したくない人が混在する状況になっているのではないだろうか。

すなわち「ニューノーマル」とは、**新型コロナウイルスが収まり、ウィズコロナからアフターコロナになったとしても、こうした個人や領域において異なる志向が混在しているなかで、それぞれが納得できる着地点**を指すと言えるだろう。

不測のテレワーク実施から見えた普及の実現性

コロナ禍によって大きく変わり、見直され、今後も私たちの多くが向き合っていくべき領域の一つに、「ワークスタイル」がある。本書では、アフターコロナにおいてどのようなワークスタイルになっていくのか、またそれをどのように探っていくのか、向き合っていくのか、を考えていきたい。

緊急事態宣言下では、多くの企業がテレワーク、リモートワークを余儀《よぎ》なくされた。

例えば、パーソル総合研究所の調査によると、日本では宣言前の二〇二〇年三月の時点で、正社員のテレワーク（在宅勤務）の実施率は一三・二％であり、そのうち初めてテレワークを実施した人は四七・八％であった。

さらに、テレワークが命じられている人は三一・二％、推奨されている人は一八・九％であり、テレワークを実施していない理由（複数回答）では、「テレワーク制度が整備されていない」が四一・一％、「テレワークで行える業務ではない」が三九・五％と多くを占め、「テレワークのためのＩＣＴ環境が整備されていない」が一七・五％、「テレワークを行う場所がない」が一七％と続いた。

それが二〇二〇年四月の緊急事態宣言以降は、テレワーク実施率が二七・九％、そのうち初めてテレワークを実施した人は六八・七％となった。

このように、日本におけるテレワーク実施者は急増した。もっとも、緊急事態宣言解除後の二〇二〇年五月末には、テレワーク実施率は二五・七％と下がり、また一一月に再び感染者数が増えだした時期においても二四・七％と、オフィスへの出社が戻ってきたことが示される。

また、テレワーク実施率を企業規模別で見ると、一〇〇人未満の企業では一三・一％であったのに対して、一万人以上の企業では四五・〇％と、企業規模が大きくなるほどテレワーク実施率が高いことが示された。

一方で、テレワーク継続希望率を見ると、「続けたい」「やや続けたい」の合計は、二〇二〇年四月時点で五三・二％、五月時点で六九・四％、一一月時点で七八・六％となっている。

このデータからは、緊急事態宣言時にテレワークを緊急避難的に行っていたときには、まずソフトウェアや自宅の環境を整えて、そのワークスタイルに慣れたり、社内制度を整えたりすることで忙しかったが、**半年近く継続するなかでテレワークに慣れ、課題はあるもののそのメリットも認知され始めた**ことがうかがえる。

もちろん、テレワーク、リモートワークは必ずしもゼロか百かの選択ではなく、業界や職種によってグラデーションがある。比較的テレワークに移行しやすいＩＴ企業では、オフィスもなくしてフルリモートにするところが出てくる一方で、医療や飲食などエッセンシャルワークと呼ばれる職種では、やはり対面でというところが多いだろう。

そんななかで、最も広がりそうなのが、**テレワーク、リモートワークとオフィス勤務とが組み合わさったハイブリッド型**であろう。

例えば、グーグルのＣＥＯサンダー・ピチャイは、二〇二〇年一二月に社員に宛てたメールで、在宅とオフィス勤務を組み合わせたハイブリッド・ワークスタイルを採用することを発表した。チームでオフィスに集まる「コラボレーションの日」を設定し、他の日は在宅で勤務するという「フレキシブル・ワーク・ウィーク」、チームでのコラボレーションと個別のワークスペースを組み合わせた「柔軟なオフィスデザイン」、在宅とオフィスの社員が協働するための「新しいコラボレーション技術」を、二〇二一年には注力していくことを宣言した。

最終的には、こうしたフレキシブルなワークスタイルが生産性、コラボレーション、ウェルビーイングの向上につながるという仮説を検証していくと述べている。

自分の勤める会社がＧＡＦＡのような巨大ＩＴ企業ではなく、テレワークを取り入れていないから関係ない、ということにはならない。ビジネスがグローバル化するなかで他国、他社がテレワークを取り入れているのであれば、自社だけが対面でないとミーティングできない、ということは言えなくなってくるかもしれない。

テレワークの整備が遅れている会社は、新規採用、ヘッドハンティング、転職を含めて、人材の採用・確保の面でも不利になってくるかもしれない。実際にパーソルキャリアの転職希望者への調査によると、「転職先の条件として『テレワークの実施』や『テレワークの制度・環境』が整っていることは重要ですか」という質問に対して、「とても重要」「重要」の回答は合わせて四八・四％にのぼった。同社の求人サイトでは、二〇二〇年七月におけるテレワーク可能な求人は、そうでない求人に比べて約六割多い結果となった。

あるいは、エッセンシャルワーカーなどテレワーク、リモートワークが難しいと考えられている職種、業種においても、テクノロジーの発達により可能になるところも増えてくるだろう。二〇一九年には、「農業用ドローンの普及拡大に向けた官民協議会」や「スマート農業推進協会」が設置されるなど、ドローンやＡＩ、ロボットの農業分野での活用が探られている。これらが進むと、農業でもある程度までは田畑に行くことなく、テレワーク、リモートワークで行う人が増えてくるかもしれない。

また、テレワーク、リモートワークが展開していくなかで、これまでとは異なる新たな組織、マネジメント、コミュニケーションのあり方が探られている。オフィスにいて部下を見ることができない、気軽に話しかけられないのであれば、チーム、組織として機能していくためには、リーダーやマネージャーとしてどのように対処すべきなのか。これは裏を返せば、テレワーク、リモートワークをしている社員は、上司からの目が届いていないためにサボっているのではないか、という不信感にもつながっている。

現在、**自分から動ける「自律型人材」の重要性はますます高まっている。**上司によるマネジメントなしに自律的に動ける人は、チームにおける協調性、会社へのロイヤリティ（忠誠心）が高まらないのではないかと思われがちだろう。

しかし、リクルートマネジメントソリューションズの調査によると、自らのキャリアのために行動する「自律的キャリア形成」を平均以上に行っている人は、「自律的職務遂行」も「自律的協働」も平均以上に行っていることが示された。すなわち、自身のキャリアのために自律的に働く人は、手を抜いて現在の職務を疎《おろそ》かにするのではなく、むしろ仕事やメンバーとの協力をより行っているのだ。

また同調査からは、「自律」の水準が高くなるほど、「ワークエンゲージメント」「組織への共感・愛着」「不測の事態における従業員の主体的活動」が増加することが示されている。**自律することで組織への愛着や忠誠などはむしろ高くなり、今回のコロナ禍のような不測の事態が起きても、組織のためにさまざまな提案や活動を行う社員になる**のである。

ワークスタイルとは「やっかいな問題」

アフターコロナに向けて、ワークスタイルをどのようなものにしていくべきか。これは「やっかいな問題（Wicked Problem）」だと言える。

「やっかいな問題」とは、主にデザインの領域で語られる問題の捉え方だ。

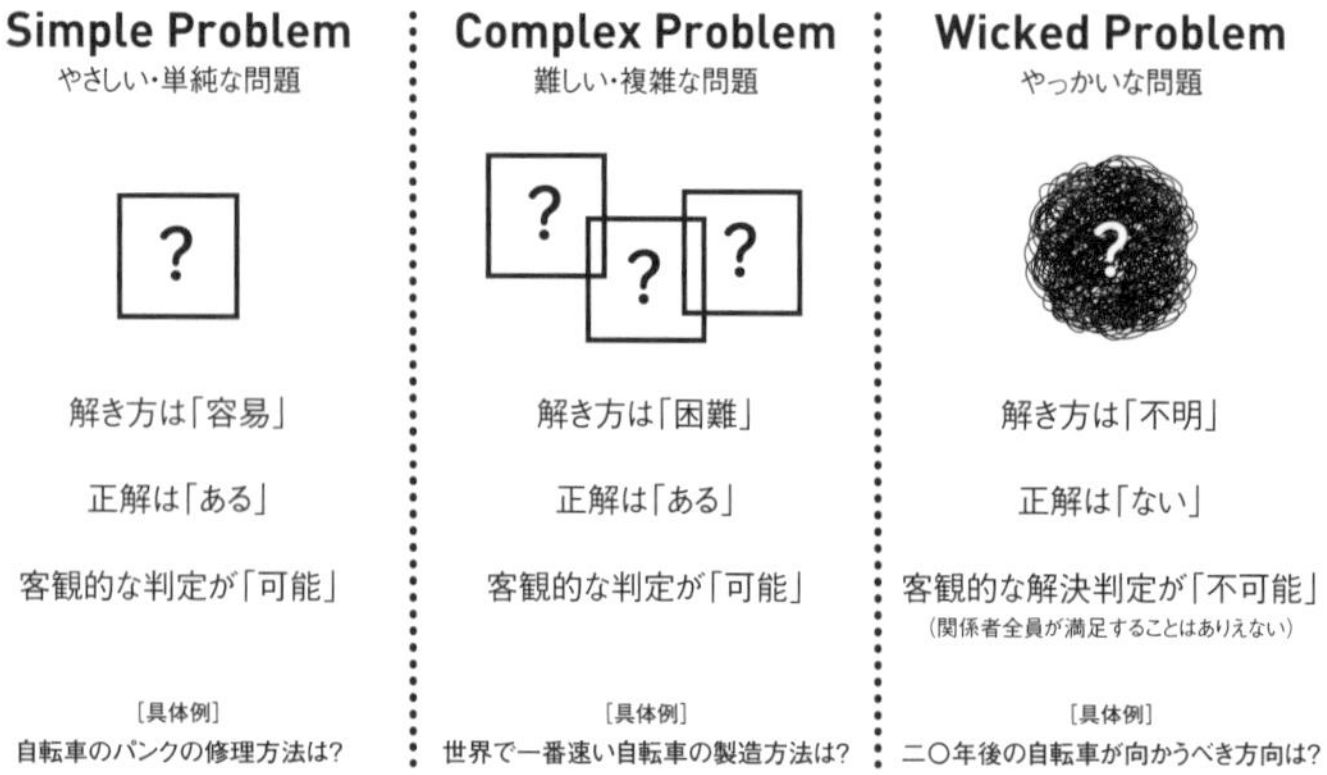
Simple Problem
やさしい・単純な問題
?
解き方は「容易」
正解は「ある」
客観的な判定が「可能」
［具体例］
自転車のパンクの修理方法は?
Complex Problem
難しい・複雑な問題
?
?
?
解き方は「困難」
正解は「ある」
客観的な判定が「可能」
［具体例］
世界で一番速い自転車の製造方法は?
Wicked Problem
やっかいな問題
?
解き方は「不明」
正解は「ない」
客観的な解決判定が「不可能」
（関係者全員が満足することはありえない）
［具体例］
二〇年後の自転車が向かうべき方向は?

図1　世の中にある問題の三つの分類

※Rittel&Webber「Dilemmas in a General Theory of Planning」(1973)、松波晴人「Wicked Problemを解くには？」(2016)および武山政直『サービスデザインの教科書』(2017)を参考に、平野友規氏が作成

正解があり、解き方が比較的容易で、客観的な判定ができるような問題は、「やさしい・単純な問題（Simple Problem）」と位置づけられる。例えば、どのようにすれば書類を早く片付けられるか、といったものだ。解き方は難しいが正解はあり、客観的な判定ができる問題は、「難しい・複雑な問題（Complex Problem）」と呼ばれる。例えば、どのようにすれば営業成績を上げられるか、といった問題がこれにあたる。

一方で、**「やっかいな問題」は、解き方も正解も不明で、客観的な判断もできないもの**を指す（図1参照）。すなわち、アフターコロナにおいて、私たちはどのようなワークスタイルにしていくべきか、といった問題である。

アフターコロナのワークスタイルを考えるこ

とが、なぜ「やっかいな問題」なのか。前者二つについては、

①書類を片付けることや営業成績のように、結果が目に見えたり、数字になったりと可視化されている

②書類を片付けること、営業成績を上げることのどちらも、それはすべきことだという前提が共有されている

という点では共通している。しかし、「どのようなワークスタイルがよいのか」は、働く本人、それを評価する人、その人の家族や友人など周りの人など、さまざまな関係者が存在しているし、それぞれ何が良いのかという評価の方向性、価値観もバラバラなので、前提を共有しにくい。

これはロナルド・A・ハイフェッツ（二〇一七）の言う「適応課題」とも言える。ハイフェッツは、組織変革などの問題がうまくいかないのは、「適応課題」を「技術的問題」として捉えるからだと指摘している。

「技術的問題」とは、（複雑かもしれないが）解決策がわかったり、既存の知識や手続きなどで解決できる問題である。一方で「適応課題」とは、人びとの価値観や習慣などを変えなければ

解決しない問題を指している。

その意味で、**「アフターコロナのワークスタイルをどのようにすべきか」という問いは、テレワークやリモートワークの環境や制度をどのように整えるか、という「技術的問題」ではなく、私たちの持つ「働くこと」への価値観、さらに言えば、自分だけではなく組織内の上司や部下、同僚との関係性、顧客との関係性から生じる「適応課題」なのである。**

宇田川元一（二〇一九）は、適応課題を解決するための「対話」の重要性を指摘する。ここで言う「対話」とは、関係者がそれぞれの事情を話すことではなく、「新しい関係性を構築する」ことを指す。つまり、それぞれの関係者の事情や背景が重なる部分を探り、そこから共通する方向性を見出して協働していくことが、適応課題を解決するために必要なのである。

「問題」を「課題」として設定する必要性

安斎勇樹・塩瀬隆之（二〇二〇）は、創造的な課題解決のために「問い」をデザインすることの重要性を指摘している。彼らによると「問い」とは、「人々が創造的対話を通して認識と関係性を編み直すための媒体」である。なぜなら私たちが本当に解くべき問題を見失いがちなのは、認識と関係性とが固定化されているからである。

認識の固定化とは、当事者に暗黙のうちに形成された認識（前提となっているものの見方・固定観念）によって、物事の深い理解や、創造的な発想が阻害されている状態だ。一方で、関係性の固定化とは、当事者同士の認識に断絶があるまま関係性が形成されてしまい、相互理解や、創造的なコミュニケーションが阻害されている状態である。そのため、これら固定化された認識や関係性を揺さぶる「問い」が重要になってくるのだ。

「問い」を設定するためには、「課題」を設定する必要がある。安斎・塩瀬は、「問題」とは何かしら目標があり、それに対して動機づけられているが、到達の方法や道筋がわからない、試みてもうまくいかない状況のことであり、「課題」とは関係者の間で「解決すべきだ」と前向きに合意された問題と定義している。

アフターコロナに向けてどのようなワークスタイルにすべきか、という認識は共通していても、会社のなかで経営戦略部門か人事部門か、あるいは上司か部下かで、捉え方は異なるだろう。このように同じ「問題」を見ていても、関係者それぞれによって捉え方が異なる。そのため、対話を通じて関係者が前向きに問題に向かっていけるような「課題」にしていくことが重要となる。

ただし、「アフターコロナのワークスタイル」を考えた場合、ワークスタイルという言葉の含む領域がこれまで以上に広がったこと、そしてアフターコロナという時間軸がまだ不明瞭であることを考慮しなければならない。これまでは見えてこなかった関係者が新たに増えていたり、同じ関係者であっても目的がこれまでとは異なる可能性がある。

例えば、自宅でのテレワークには、家で同居している人という関係者も新たに入ってくるかもしれない。そのなかで通勤し、オフィスで働いていたときとは働く目的が異なってくるかもしれない。また、アフターコロナを見すえると、都市や地域のコミュニティ、行政という関係者が入ってくることもあるだろう。

このように、ワークスタイルという軸、アフターコロナという軸から、新しい関係者や、新しい目的を排除することなく、それらが交わるところをきちんと「課題」として捉えていくことが重要になる（図2参照）。

これらを踏まえると、**「やっかいな問題」の解決に向かっていくためには、どのような関係者が、どのように考えているのかを解きほぐしつつ、そのなかで新たな関係を構築していくことが求められる。**上平崇仁（二〇二〇）は、開かれたデザインについて、

①「過去からつながる現状（as is）」を批判的に「あるべき姿（to be）」へと変化させる「前・

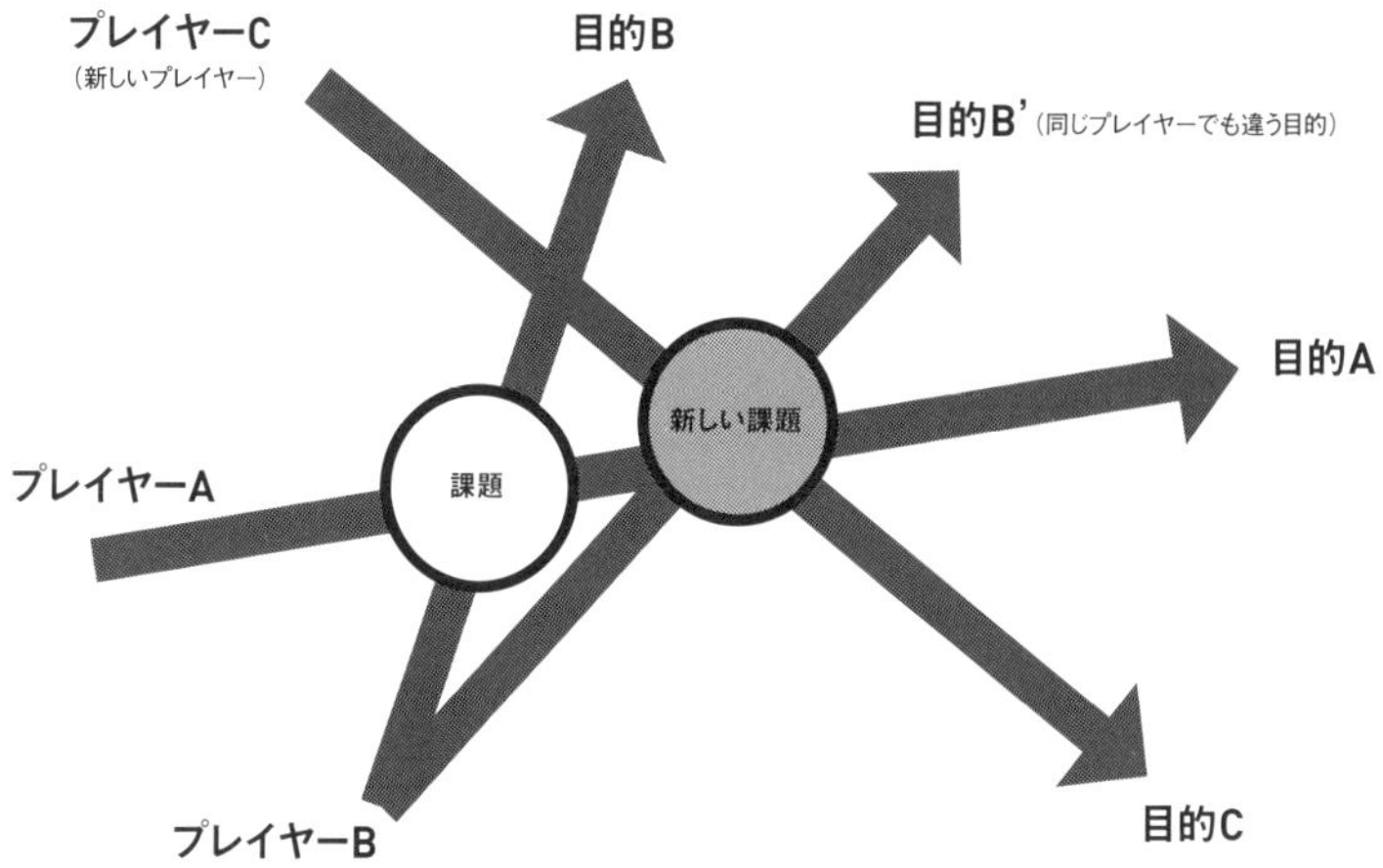

図2　課題と目的の方向性

後」
②それに具体的に取り組む「実践性」
③この実践性とともに、目的や構想など、まだ存在していないイメージをつくりだす「創造性」

によって構成されていると指摘している。この上平の指摘を援用しながら、本書の目的を説明したい。

　コロナ禍におけるテレワーク、リモートワークへの移行と、それを一定期間続けたという「壮大な社会実験」は、これまでのオフィスに通勤するというワークスタイルを批判的に「あるべき姿」へと変化させたが、そのなかで見えてきたさまざまな論点を整理していく。

　本書では、ワークスタイルの「前・後」の底流に、メディア、特にモバイルメディア、ソーシャルメディアによる変容があると捉える。Z世代、とりわけデジタル・ネイティブと呼ばれている世代で、大学、会社経験を二〇二〇年のリモート環境でスタートさせた世代を「リモート・ネイティブ」と位置づけ、彼ら彼女らの経験や世界観を見ていくことで、コロナ禍前・後の価値観や世界観を見ていく。

また、「働く」について、二〇二〇年、ワーカーたちは自宅の環境整備や移住、ワーケーションなど、さまざまなワークスタイル（とそれにともなうライフスタイル）の実践を行った。同じく企業も、オフィスのあり方、組織のマネジメントやコミュニケーションなど、さまざまな実践を展開した。そのなかで、アフターコロナに向けてどのような目的や構想が語られたのか、これらの実践性と創造性とをつなぎながら、ワークスタイルをデザインの対象として捉えていきたい。

CHAPTER 1

「リモート・ネイティブ」はどんな世界を生きているか？

新たなる「リモート・ネイティブ」の登場

コロナ禍では、インターネットと私たちの生活に関わるさまざまな場面で、変容の兆《きざ》しと試行錯誤が見られた。

例えば、外出がままならないために、アマゾンや楽天などのオンライン通販サービスはもちろん、日本ではそこまで普及していなかったウーバーイーツ（Uber Eats）によるテイクアウトの宅配、ネットフリックス（Netflix）やフールー（Hulu）、ゲーム、ライブ配信といったエンターテインメントを家にいながら楽しむなど、いわゆる「巣ごもり消費」が目立つようになった。これらは、いずれもインターネットを基盤としたサービスである。

一方で、マスクをはじめティッシュやトイレットペーパーが品薄となり、入手が難しい状況も生じた。テレビやソーシャルメディアなどによるデマとも言える情報拡散によって、買い占めがなされた結果だ。このような生活の変容には、大きくインターネットを中心としたメディアが関わっている。

この章ではアフターコロナのワークスタイルを考えるにあたって、その底流となるモバイルメディア、ソーシャルメディアを中心としたインターネットによる私たちの生活、価値観の変容について、特に若者を中心に見ていこう。

二〇二〇年は、多くの大学で対面授業やキャンパスでの活動が制限され、授業はオンラインで行われた。緊急事態宣言の解除以降、企業でオフィス勤務を再開したり、小中学校で対面での授業が再開されたりしたこともあって、大学でも対面授業やサークル、部活などを含めたキャンパスライフの再開を求める声は高まっていった。地域によっては秋以降、対面授業を積極的に取り入れるところが出てきたり、部活などの活動も徐々に解禁されるようになってきた。

では、多くの学生は対面授業の再開を望み、喜んでいるのか。

二〇二〇年一二月に発表された立命館大学の学生への調査によると、対面授業とオンライン授業（調査ではWeb授業と表記）の嗜好は、ほぼ半数ずつであった。またオンライン授業については、「集中しにくい」が約五〇％、「集中しやすい」が約二五％、「変わらない」が約二五％となっている。対面授業については、「現状（二〇二〇年一一月）の感染状況でワクチンが開発されていない場合」という前提で、「全面的な対面の実施や対面を増やす」という希望が約三五％、「維持」が約三七％、減「らす、全面オンライン」が約二七％であった。

これは一大学のケースであるが、学生たちによる全面的に対面に戻したい、すなわち以前のように戻ってほしいという声は大多数ではない。二〇二〇年一二月に文部科学省が発表した大学の授業実施状況に関する調査結果でも、対面授業の実施割合が半分以下の大学で、学生たちが理解・納得していることがうかがえる。

このように、授業について対面に戻してほしいという学生も存在するが、オンラインを継続、あるいは対面とオンラインとを併用したいという学生も存在しており、意見が割れている。また、オンライン授業によって授業の質が下がったという声も聞かれるが、オンライン授業のほうがむしろ集中できるという声も存在する。遠距離通学している学生にとってオンライン授業は、通勤ラッシュや遅延、事故などを避ける意味で助かるという声もある。

つまり現状では、**大学における対面とオンラインについて、感染へのリスク評価、オンライン授業の質の向上、教員・学生たちの慣れ、などによって分散しているというのが実際なのだ。**二〇二一年は、多くの大学で対面授業の再開が計画されているが、大規模講義はオンラインで、少人数のゼミや実験・実習などは対面で、というハイブリッド形式が主流になりそうである。

筆者も大学に勤務し、二〇二〇年は学生たちとオンライン・対面双方で接してきた。そのなかで気づいたことをまとめてみよう。

まず先ほど見たように、**学生たちは対面かオンラインか二者択一ではなく、双方の価値を**

クールに見出《みいだ》している。対面授業は他の学生や教員とコミュニケーションができるため貴重であるが、一方で遠距離から通っていたりすると、一限に対面授業があるとか、オンライン授業の間の一コマだけが対面授業といった形は効率が良くないと考える。また、オンライン授業はデータ通信量がかさむし、ライブ感はないが、逆に何度もわからない部分を聴き直したり、倍速で見ることで効率よく授業を受けられたりすると考えている。

小さいころからユーチューバーたちの映像や塾などの授業映像を見慣れてきた彼ら彼女らは、構成や音声、画質を含めてオンライン授業の質を上げてほしいと思っている一方で、これならオンラインでも一緒だと感じさせる内容の対面授業には手厳しい。

「コミュニケーション能力（コミュ力）」にも変化が見られた。これまで「コミュ力」は対面スキルを指していたが、オンラインでのコミュニケーションには、文章力やクラウドサービスなども含んだＩＣＴ活用スキルも求められる。そのため、オンラインのグループワークでは、それまで対面の「コミュ力」が高かった学生が苦戦していたり、逆に対面の「コミュ力」が低かった学生が積極的にコミュニケーションを図れるようになったりする。

もちろん、対面でもオンラインでも「コミュ力」が高い学生もいれば、どちらでも苦手という学生もいるが、いずれにせよオンラインやリモートの効用と課題によって、学生たちの「コミュ力」にも入れ替わりが発生している印象がある。

こうして考えると、彼ら彼女らはZ世代、**デジタル・ネイティブと呼ばれているが、アフターコロナのワークスタイルを考えるうえで、特に「リモート・ネイティブ」と捉えることが重要になる**だろう。

企業においても、二〇二〇年はインターン、採用、研修、実際の業務などをオンラインで行うことが多かった。アフターコロナにおいては、対面とオンラインのハイブリッドが増えていくはずだ。海外に目を向けてみると、二〇二一年になってもコロナ禍はまだ収まりを見せていない。そうしたなか、企業もこれまで以上にテレワーク、リモートワークを組み込んだワークスタイル、ビジネスモデルを再構築しつつある。仮に日本でコロナ禍以前のように通勤やオフィス勤務に戻ったとしても、

①グローバル経済への展開、海外企業との連携、人材の確保などで適応できるか
②リモートと比較して、対面だからこそのイノベーションや生産性向上を期待できるのか

は大きな課題となるだろう。そうした意味で、二〇二一年から数年の間に、ワークスタイルもハイブリッドに適応したものにしていかなくてはならない。

そのなかで学生たち、新入社員たちは、対面とオンラインどちらも対応できるコミュニケー

ション力を持つことが、（それを重視することがハイパーメリトクラシーだという課題がありつつも）必要になってくる。

一方で、現在の企業における組織のあり方、ワークスタイルが、こうしたリモート・ネイティブへ対応できるものになっているか、積極的に選ばれるものになっているかは、企業にとっては重要な課題であるのと同時に、**これまでの改革しきれなかったワークスタイルを変えていくチャンス**でもある。

マスメディアがつくった「テレ」の世界観

リモート・ネイティブたちを知るために一番のポイントとなるのは、彼ら彼女らを取り巻くメディア環境とそのなかでどのような生活をしているのか、どのような価値観を持っているのか、である。とりわけモバイルメディア、ソーシャルメディアを中心としたインターネットがどのような変容をもたらしているのか、さらに二〇二〇年のコロナ禍においてどのような新しい流れが出てきているのか。それを押さえることこそが、アフターコロナのワークスタイルを考えるうえで最も基礎的かつ重要な作業となる。

総務省「情報通信メディアの利用時間と情報行動に関する調査」によると、二〇二〇年の調査で一〇代におけるインターネットの平均利用時間は、平日、休日ともテレビの二倍以上であった。二〇代では一・六倍〜一・七倍であり、三〇代でおおよそ拮抗《きっこう》し、それ以上の年代ではテレビが優勢となっている。このように若者世代を中心に、メディアといえばテレビや新聞ではなく、インターネットという時代になっている。一〇代・二〇代とそれ以上の世代では確かに同じ世界に生きてはいるが、見えている世界は異なっている。

メディア論の始祖とも言えるマーシャル・マクルーハン（一九八七）は、「メディアはメッセージ」と訴えた。メディアはもともと「媒介する」という意味であり、内容（メッセージ）を運ぶモノというイメージがある。一方、マクルーハンが主張したのは、**メッセージを運ぶメディアそのものが、実はメッセージを持っている**ということだ。

例えば、営業の取引先にアポイントを取り付ける際に、メールで行うのとＬＩＮＥでやり取りするのとでは、内容は同じだとしても伝わる印象は大きく異なるだろう。このように内容が同じであっても、どのようなメディアを用いるかによって意味合いは変わる。

また、それによって組織、さらには社会のあり方も大きく異なってくる。普段、社員同士のコミュニケーションは電話や書類が中心という会社と、スラック（Slack）が基本という会社では、組織のありようは大きく異なっているだろう。

それでは、メディアから現代はどのような社会として捉えることができるのか、またどのような世界観になっているか。マスメディアとモバイルメディア、ソーシャルメディアとを対比させると図3のようになる。それぞれを見ていこう。

二〇世紀の世界観を形成していたのは、マスメディアであると言っても過言ではない。二〇世紀はラジオ、テレビ、新聞といったマスメディアが生活に欠かせないものであり、私たちの経験を形成してきた。

マスメディアとは文字通り、「マス（大衆）」に向けて（一斉に）送信するメディアである。新聞やラジオ、テレビなどのように、**送り手は少数で、それを受け取る人は多数いる「1対n」の関係**になっている。会社や国家において人を動員することは、それまでも不可能ではなかったが、マスメディアによってより迅速《じんそく》に、より大規模になった。

マスメディアは、**人を同時に二つの場所や状況に「併存する」ことも可能にした**。例えば、日本でテレビが普及するきっかけとなったのは、皇太子ご成婚パレードや東京オリンピックなどのイベントだった。これらのイベントを、その場に行けないまでもひと目見ようと、多くの人がテレビを購入し、普及率が高まったと言われている。

野球やサッカーといったスポーツ、舞台や歌番組などのエンターテインメント、事件報道など、マスメディア、特にテレビは、それを見ている家などの場所と、それを放映している場所とを「つなげる」というよりも、あたかも自分が別々の場所に「同時に存在している」ような経験を生み出した。

このように**マスメディアが大量の情報を伝達し、生活・社会を大きく変えていくなかで、私たちはメディアや社会に「適応する」ことを求められるようになった。**かつてマクルーハンは、メディアを人間の各器官や感覚を拡張するものであると指摘した。「テレビ」はもともと「テレビジョン（Television）」であり、「Tele：離れた」と「Vision：視覚」を組み合わせた言葉で、離れたところを見るという意味を持つ。「テレフォン（電話）」も同様に、「Tele：離れた」と「Phone：声」の組み合わせだ。こうした人間の拡張があまりに大規模、高速になってくると、私たちはメディアを使いこなすことと、そうした社会に適応できることを同義と見なした。

一九八〇年代から展開され始めた「メディアリテラシー」という言葉も、（メディアをクリティカルに分析したり、つくったりという要素を含みながら）メディアが広がった社会をどのように理解し、適応するかに重点が置かれている。

これらが志向し、可能にしてきたコンセプトを一言でまとめると、**「いつでも・どこでも」**になる。一度に大量の受け手に向けて情報を発信することで、私たちは時間、場所にかかわら

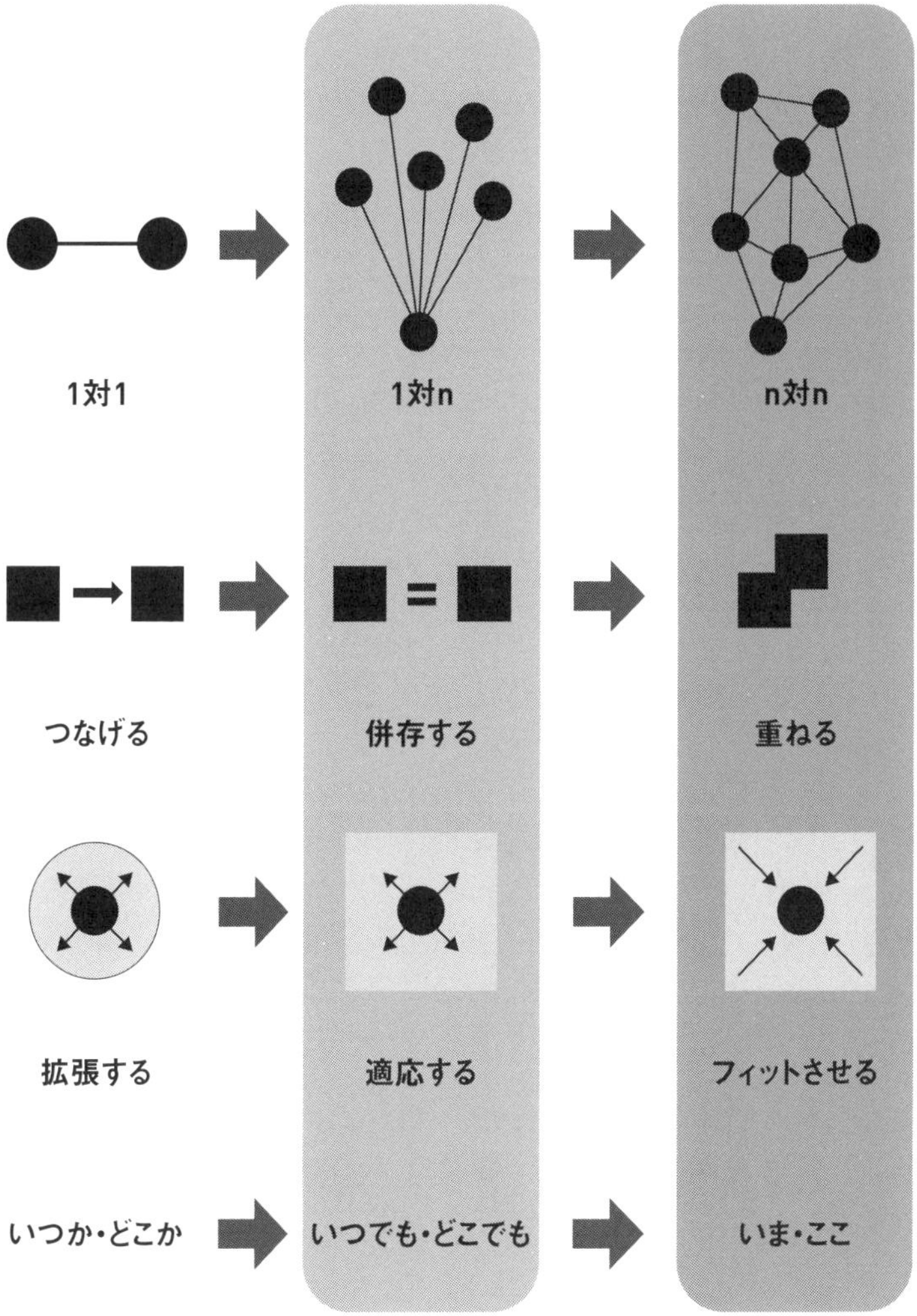

図3　メディアごとの特性の変容

ず情報に接すること、状況を見ることが可能になった。家にいても、他の場所で起こっていることを経験することができる。

しかし、それは同時に、どこにいても情報、コミュニケーションが追いかけてくるということでもあった。例えば、テレビは茶の間からさまざまな出来事を経験することを可能にしたが、逆に外の世界のさまざまなものが、家族の団らんの場所である茶の間へと侵入してきたとも言えるのである。

モバイルメディアがもたらした「フィット」を目指す世界観

二〇〇〇年代以降、こうした世界観が徐々に変わり始める。その原動力となったのは、モバイルメディアとソーシャルメディアである。一九九〇年代半ばからポケベル、PHS、携帯電話などのモバイルメディアは、徐々に私たちの生活に浸透し始めた。

初期のころは互いにメッセージを送り合う、電話ができるといった機能に限られていたが、一九九九年にNTTドコモが発表した「iモード」によって、携帯電話がインターネットと接続されるようになったことで、さまざまな可能性が広がった。携帯電話が（電話機能に限らない）ケータイになった瞬間と言えるだろう。その後、二〇〇七年に発売されたiPhone（アイフォン）は、携帯電話を「ガラケー」に押しやり、スマートフォン（以下、スマホ）の時代の到来を象徴した。

スマホは、私たちのインターネット利用の主役になった。『情報通信白書』によると、モバイル端末からのインターネット接続は、二〇一〇年にパソコンからのインターネット接続を上回った（図4参照）。インターネットの平均利用時間を見てみると、PCからのインターネット平均利用時間は二〇一〇年代を通してそれほど変わっていないが、モバイルからのインターネット平均利用時間については、二〇一二年で三七・六分であったのが、二〇一八年には七二・九分と約二倍にまで増加している。これはPCの二倍以上の時間でもある。

それでは、その増加した利用時間は何なのか。図4からわかるように、オンライン・ソーシャルゲーム、動画サイト、ソーシャルメディアがその中心である。二〇一二年の時点では、この三つを合わせて一三分程度の利用だったのが、二〇一八年には五〇分程度まで増加している。ブログ・ウェブサイト、メールが二〇一二年からそれほど増加していないことを考えると、スマホ利用の中心は、オンライン・ソーシャルゲーム、動画サイト、ソーシャルメディアだ。スマホがもたらしたこのような状況は、モバイルメディア・ソーシャルメディア時代と言える。

では、モバイルメディア・ソーシャルメディアは、どのような世界観を形成しているのか。マスメディアと対応させながら見ていこう。

まず、マスメディア時代に少数に限定されていた送り手には、今や誰もがなることができ、多数になった。年を追うごとにスマホのカメラは高性能化し、写真や動画、音声の編集や配信に関しても関連アプリが豊富に提供されるようになった。

インスタグラム（Instagram）は、登場した初期は写真編集のためのアプリであったが、徐々に共有するためのサービスになっていった。若者たちはインスタグラムに写真をアップロードして、共有することができるし、ツイッター（Twitter）でさまざまなつぶやきを投稿することができる。音声配信アプリであるスタンドエフエム（stand.fm）やアンカー（Anchor）、動画配信プラットフォームのティックトック（TikTok）、文章や音声を含めたさまざまなメディアを横断した配信プラットフォームであるノート（note）など、さまざまなプラットフォームが登場し、多くのユーザーを獲得している。

すなわち、**メディアによる情報発信は、マスメディア時代の「1対n」の関係だけではなく「n対n」の関係も加わり、さらにはそちらが主流になっている**とさえ言える。

携帯電話は私たちの「待ち合わせ」という行為を大きく変容させたと言われるが、スマホは

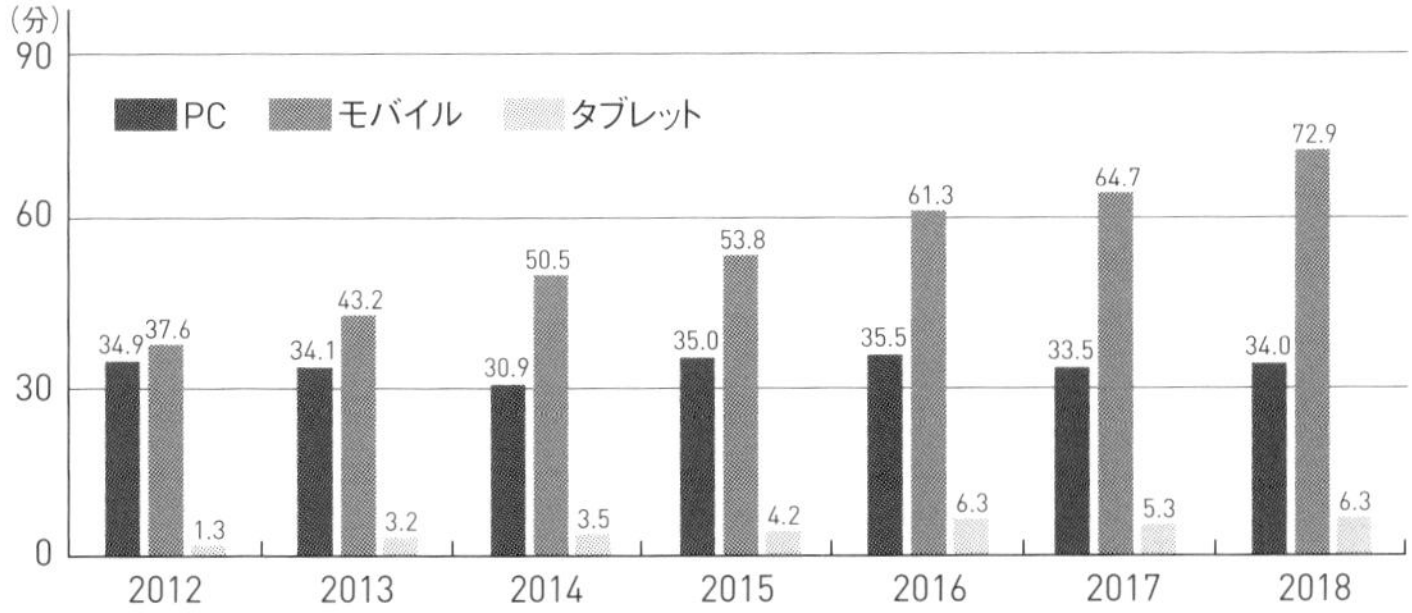

図4-1　主な機器によるインターネット平均利用時間（平日・全年代）

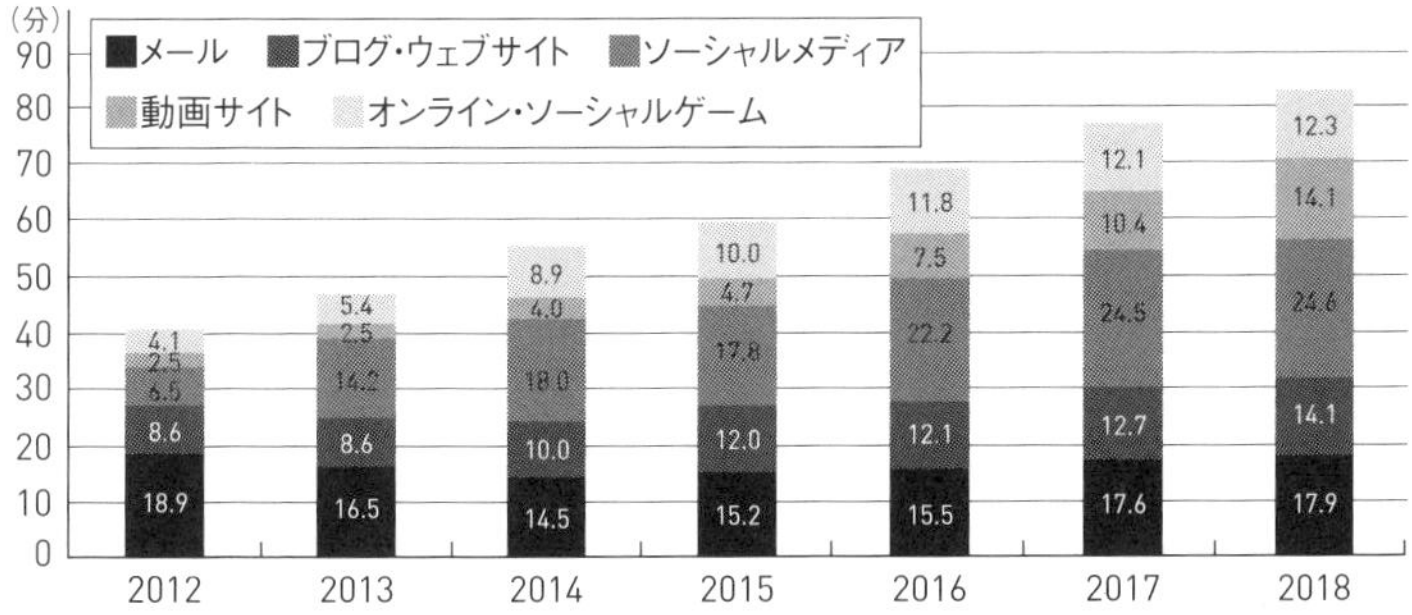

図4-2　モバイル機器によるインターネット利用項目別平均利用時間（分）

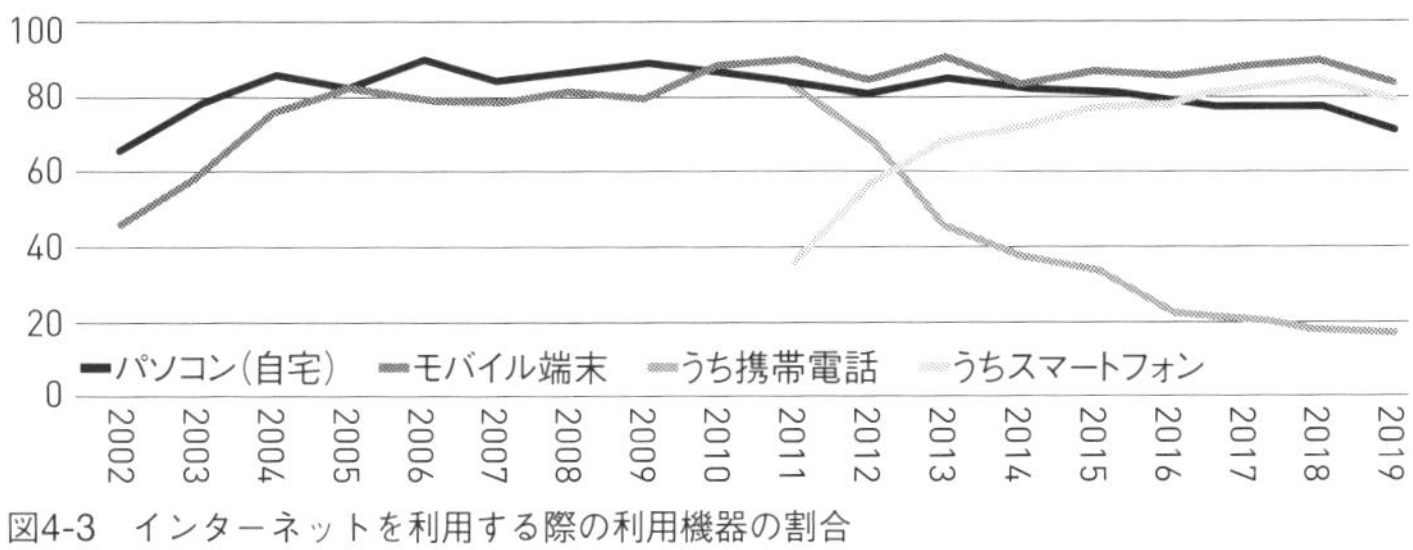

図4-3　インターネットを利用する際の利用機器の割合

※モバイル端末とは、携帯電話、PHSおよびスマートフォンを指す。
※総務省「通信利用動向調査の結果」各年版および
「情報通信メディアの利用時間と情報行動に関する調査報告書」各年版を基に作成

どのような変容をもたらしたのか。

スマホがもたらした大きな変容の一つは、私たちの位置・移動に関する感覚の変容である。今や私たちにとって地図アプリ、ナビアプリは、生活に不可欠なものになっている。どこかに行くとき、スマホを片手に道路や電車の経路を確認する。路線図や道路図などの地図はこれまでもあったが、**モバイルメディアによってもたらされたポイントは、自分の位置情報もリアルタイムに把握できること**にある。

例えば「ゼンリー（Zenly）」は、自分の位置情報を友人と共有することで、自分や友人がリアルタイムにどこにいるかが表示されるアプリである。若者たちは、一歩間違えば監視にもなりうるこうしたアプリをカジュアルに利用し、楽しんでいる。

また、まだ実験的な部分もあるが、ＡＲ（Augmented Reality：拡張現実）技術も確実に普及しつつある。二〇一六年には「ポケモンＧＯ」が世界中で大ヒットした。位置情報をもとに、ＡＲ技術によって実際の都市空間にキャラクターを重ねることで、ポケモンをゲットしたり、他のユーザーとの競争を楽しんだりできるゲームは、まさにモバイルメディア・ソーシャルメディア時代を象徴するものだ。モバイルメディアがもたらした位置や移動に関する感覚は、「併存する」ではなく、**オンラインとオフラインを「重ねる」**と表現することができるだろう。

ここまで見たさまざまな地図アプリやナビアプリ、「ポケモンＧＯ」は、メディアがもたらした社会に自分が適応するというよりも、**自分の状況に合わせてサービスを活用し、周りを自分に「フィットさせる」という世界観**をもたらした。

例えば、地図アプリやナビアプリは、地図や路線図を読みこなすことは求められず、どの方向に行くのか、どの電車、バスに乗るのか（さらにはどの車両に乗るべきか）をリアルタイムで知らせてくれる。ウーバー（Uber）やグラブ（Grab）などのライドシェアサービス、さらにはブラブラカー（BlaBlaCar）のような相乗りサービスなどに代表されるように、車という移動手段も、レンタカーを借りるというよりも、自分の状況へのマッチングを行うことで、「フィットさせる」移動を提供するサービスと言える。「走るスマホ」と呼ばれるテスラは、その象徴と言えるだろう。

「フィットさせる」世界観では、送り手と受け手の境界が曖昧になることも特徴である。例えば、アマゾン（Amazon）やグーグル（Google）などが展開するスマートスピーカーは、モノでありながら両者のサービスと直結しており、ユーザーは声によって自分の知りたいことや欲しいものを要求するのと同時に、それらを受容する受け手でもある。

二〇一七年前後からは、ＣＧなどアバターの姿で、ユーチューバーとして歌やダンス、ゲーム実況などの活動をするブイチューバー（VTuber）が登場し始めた。バーチャルユーチューバーランキングを運営するユーザーローカルの調査によると、ブイチューバーの登録数は二〇一八年三月に一〇〇〇人を超し、二〇二〇年一月には一万人を超えたという。ファン数のトップであるキズナアイには、二六九万人ものファンがいる。

ボーカロイドの初音ミクが発売され、活動を開始したのは二〇〇七年である。初音ミクはボカロPと呼ばれる音楽プロデューサーの役割を果たす人たちが、ニコニコ動画やユーチューブなどに楽曲をアップロードし、発表することで人気を博した。後に3D技術などを活用したダンス動画なども投稿され、さらにはCGによる音楽ライブにまで展開した。

では、二〇〇七年の初音ミクと二〇一七年のブイチューバーというちょうど一〇年を隔《へだ》てた現象において、どこに違いを見出すのか。それは、ブイチューバーは架空のキャラクターではあるが、あくまでアバターであり、生身の人間が「もと（元・素）」になっていることにある。そういった意味で、ボーカロイドからブイチューバーへの流れには、「重ねる」「フィットさせる」というコンセプトが背景にあり、それを先鋭化させてきたものと位置づけることができる。

ここまで紹介した変容やそれを象徴するアプリ、サービスに通底する特徴の一つが、**「いま・ここ」**を把握したり、共有したりすることだ。モバイルメディア、ソーシャルメディアはリアルタイムに位置情報を把握・共有できることで、「いま・どこにいるのか」を軸にしたサービスや行動を展開できる世界を可能にしたのである。

ここで示した世界観は、メディアとそれに関連するサービスやビジネス、私たちの生活や行動だけではない。例えば近年、日本では「ティール組織」が注目された。強力なリーダーなしにメンバーそれぞれが決定していくティール型組織は、まさに「n対n」の関係であるし、メンバーそれぞれの自己実現が重視されているという意味では、組織に自分が「適応する」のではなく、自分に組織を「フィットさせる」ことを目指すものである。その意味で、ティール組織もモバイルメディア、ソーシャルメディアによる世界観が反映されたものと位置づけることができる。

「1対n」と「n対n」が入り混じる

もちろん、ここで提示したマスメディアとモバイルメディア、ソーシャルメディアの世界観は、完全に分離し、移行しているわけではなく、それぞれの特徴を取り込んでいたり、入り混じっている部分も多くある。

インスタグラムやツイッター、ユーチューブでは、誰でも発信できることで送り手が多数になったが、そのなかでも何十万ものフォロワーがいることで、マスメディア的な影響力を持つ個人も登場するようになった。ツイッターには、新聞社やテレビ局などのマスメディアのアカウントと、個人の記者やカメラマンなどジャーナリスト個人のアカウントが混在しているし、インスタグラムには、アパレルブランドのアカウントと店員の個人アカウントが混在している。

二〇二〇年七月の時点で、サッカー選手のクリスティアーノ・ロナウドのフォロワーは二億二六〇二万人、歌手のアリアナ・グランデには一億九一六五万人ものフォロワーがおり、投稿を瞬時に二億人近くの人が目にすることができる状況になっている。

そういった意味で、有力なインスタグラマーやユーチューバーは、今やテレビタレントに匹敵、あるいはそれ以上の影響力がある。子どもの「なりたい職業ランキング」で、ユーチューバーが上位に入るようになったことは記憶に新しい。同時に、これらのインスタグラマーやユーチューバーがテレビに登場したり、テレビタレントがテレビだけではなく、インスタグラムやユーチューブに参入し、多くのフォロワーを得ているケースも増えてきている。

あるいは、「天空の城ラピュタ」のなかで登場する「バルス！」というセリフに合わせて、ツイッターで「バルス」と投稿する現象がある。二〇一一年にテレビ放映されたときには一秒間で二万五〇八八ものツイートが投稿され、ツイッターが一時不安定になるほどであった。その後も何度か放映されるたびに、「バルス祭り」と呼ばれるようになった。

このように「バルス」ツイート現象は、テレビというマスメディアをきっかけにしつつ、インターネット上ではむしろ発信者のほうが多数になり、それがニュースとなって多くの人の目に触れるというように、**「1対n」と「n対n」とが入り混じっているもの**と言える。

他にも「ニューズピックス（NewsPicks）」は、ニュースを広く伝えるマスメディアのようにも見えるが、それぞれのニュースにさまざまな「ピッカー（Picker）」と呼ばれる特定の人たちがコメントをつける機能がある。「ヤフーニュース」なども同様だろう。これらのニュースプラットフォームは、テレビや新聞といったニュースメディアにはない、「1対n」と「n対n」とが入り混じることの一種の付加価値（と同時に課題）を提示している。

このように、ソーシャルメディアによる「n対n」のコミュニケーションには、発信者と受信者が多数いるというだけではなく、そのなかに「1対1」「1対n」のコミュニケーション形態も含まれていると言える。

二〇二〇年のコロナ禍では外出自粛が続き、音楽ライブや舞台などエンターテインメント領域においても、公演をすることが難しく、観客が会場・劇場に足を運ぶことができない状況が続いた。そこでアーティストたちが、ソーシャルメディアによるライブ配信を行うなど、インターネット上でさまざまな活動を行った。

例えば、星野源による「うちで踊ろう」では、自らの演奏動画をインスタグラムに上げ、後日ユーチューブ上でもアップロードした。さらに音源を開放し、コラボを推奨したことで、さまざまなアーティストや芸能人などが、「うちで踊ろう」動画と自らの演奏やダンスなどの動画とのコラボ動画を作成し、アップロードした。こうした「うちで踊ろう」現象は、「1対n」と「n対n」とが入り混じり、さまざまなアーティストが「併存」しながら、「重ねる」ことで新たな価値を生み出した。

ブイチューバーが参加した二〇一九年の「NHKバーチャルのど自慢」、二〇二〇年一月の「NHKバーチャル紅白歌合戦」、二〇二〇年八月の「NHKバーチャル文化祭」など、テレビとブイチューバーの融合コンテンツも徐々に見られるようになった。

「劇団ノーミーツ」のように、打ち合わせも含めてオンラインで行う演劇スタイルも登場した。この劇団ノーミーツも公演しているオンライン劇場「ZA」は、定額でいつでも見ることができる見放題型ではなく、いま・そのときしか見られない「全公演生観劇型」や、観客同士の交流機能、物語の中身を観客が選択したり、演者から観客に向けてリアクションしたりもできる「スクリーンの舞台装置化」などを特徴としており、これまでの劇場では感じることができない演劇・観劇経験を探っている。

これらは実際にライブや舞台に行かなくても家から見られるという意味では、「いつでも・どこでも」であるが、同時にリアルタイム配信を行っているという意味では、「いま・ここ」でもあり、いわば両者のハイブリッドの形態である。

「連帯のキー」としてのハッシュタグ

若者たちの行動や規範も、こうした世界観を理解すると紐解《ひもと》ける。ここではインスタグラムを事例に挙げてみよう。

インスタグラムは若者たちに、とりわけ女性にとって最もポピュラーなメディアの一つである。インスタグラムに載せる写真は、ここぞという場所や経験をしっかりと「いい感じ」に加工したもので、一つの記録だ。実際、若者たちに聞いても、インスタグラムの写真は記録として残るので、「いい感じ」の写真を載せなければならないという気負いがあるという。

インスタグラムのタイムラインに並んだ自分の写真は、日常をバラバラと載せるものというよりも、「自分の感性」を表現するものとしてコンセプトを設定し、統一感を出すための色使いやトーンなども意識して揃《そろ》えることは珍しくない。そういった意味で**インスタグラムは、自分というブランドを見せるためのディスプレイ**なのである。他の人はそれをウィンドウショッピングのごとく眺め、その人がどのような人かをうかがい知ったり、自分の参考にしたりする。

オックスフォード辞典は、二〇一三年のワード・オブ・ザ・イヤーに「セルフィー(Selfie)」を選んだ。「自撮り棒」が広がっていったのも、この時期以降である。

このように、インスタグラムによって自分が自分を撮影する、つまり写真撮影における撮影者、被写体の関係を自己で完結するようになった。ただし、その被写体としての自分は、これまでの雑誌モデルとは少し異なった位置づけである。**自分だけではなく、自分がどのような風景のなかにいるか、どのようなものを食べているかなどを、経験とともに共有することが重要**になっている。

『GENIC』という写真と旅をテーマにした女性向け雑誌がある。『GENIC』の表紙の多くは、図5のように「インスタ映え」する景色と、そのなかに写る人物である。『ViVi』のように従来の女性ファッション誌では、自分が目指すべき、なりたいイメージとして正面を向いた雑誌モデルが表紙を飾っていることが多い。しかし、『GENIC』の表紙が示しているのは、撮影者としての自分であり、同時に被写体としての自分なのである。このように

図5 『GENIC（2018年11月号）』（右）と『ViVi（2018年6月号）』（左）の表紙比較

『GENIC』の表紙は、インスタグラムが生み出した心理や行動を象徴的に表している。「インスタ映え」の行動原理は、どのように写真を撮るか、加工するかといった行為だけではなく、「パンケーキ」などの食べ物や「天使の羽」といった場所など、写真や動画に映える色鮮やかで思わず撮りたくなるモノやコトを用意するといった変容をもたらした。そのため、インスタグラム上では、同じような対象や構図の投稿があふれるようになった。

このような状況を天野彬（二〇一九）は、「シミュラークル型」の情報拡散と呼んだ。シミュラークルとは、ボードリヤールの用いた語で「オリジナルなきコピー」のことである。つまり、インスタグラム上で流行っているモノやコトは、最初に投稿したのは誰なのか、どの場所がオリジナルか、は不明であったり、わかっていたとしてもあまり意味がないものである。思わず自分もそれを真似《まね》たくなるモノやコトではあるが、全く同じものはなく、それぞれ自分らしい投稿になっている、というのが「インスタ映え」による情報拡散の構造なのである。

例えば、すっかり渋谷の風物詩となったハロウィンを考えてみよう。ハロウィンで仮装をする若者たちは、仮装をして友人たちと盛り上がることだけで完結しているわけではない。それだけであれば、わざわざ渋谷に来る必要はないはずだ。渋谷のハロウィンでは、友人たちと仮装して連れ立って電車に乗り、（集合することのお墨付きのある）渋谷に繰り出し、そこで写真や動画を撮影し、インスタグラムなどのソーシャルメディアにアップロードし、共有する。さらに言えば、それへのリアクションを楽しむところまでを含めてハロウィンなのである。渋谷のハロウィンという現象は、きわめてインスタグラム的なイベントであり、行動なのだ。

シミュラークル型の情報拡散が広がってくると、情報収集のやり方も変容してくる。グーグルで検索ワードを入れることで、すぐに情報が手に入る時代になっているが、それは行ってみたい、経験してみたいことを提示してくれるわけではない。

例えば、美味《おい》しい（そして映える）ケーキを食べたいときに、グーグルで「美味しいケーキ」と検索すると、あまりに多くの検索結果がヒットしてしまう。一つひとつのページを見ていくわけにもいかず、またその情報が新しいのか、古いのかの判断も難しいため、**スマホユー**

図6　小藪千豊のインスタグラム投稿
（「koyabukazutoyo-shinkigeki」2020年6月20日投稿より）

ザーの若者にとって、「ググる」のはある種のスキルが求められる煩雑《はんざつ》なものとなっている。

それよりも、インスタグラムで「#ケーキ」「#美味しすぎる」「#食べてみたい」などで検索して、スマホにずらっと出てくる写真を見ながら探すほうが、リアルタイムで、かつ雰囲気がわかるために効率的である。自分もそのような写真を撮ってアップロードしたいと思っているのであれば、なおさらだ。ここからも、モバイルメディア・ソーシャルメディア時代において、自分が「適応する」のではなく「フィットさせる」ことへ変容したことが読み取れる。

こうした若者たちの情報行動を、天野（二〇一九）は「#ハッシュタグ」と「手繰り寄せる」とを合わせて「タググる」と表現し、「ググるからタグる」時代になったと指摘する。逆に投稿するユーザーは、自分の投稿にハッシュタグをつけることで見つけてもらいやすくする。ハッシュタグは情報を分類するためにあるが、それだけではない。約一三五万人のフォロワーを誇る芸人の小籔千豊のインスタグラムを見てみよう。

彼の投稿では、多数のハッシュタグを使用するものが見られる。例えば、二〇二〇年六月二〇日の投稿を見てみよう（図6参照）。「#みんながんばってね」「#お姉さんと妹さんを初めて見た」「#うわアスリートや」「#ってなったけど」「#実際はキャワワな三姉妹ね」「#こやぶるスポーツ」「#関西テレビ」「#本田望結ちゃんとやってます」「#よその娘さんにこんなに幸せなってってほしいと思うとは」「#真面目なやつと結婚してね」と、一〇のハッシュタグがつけられている。

この投稿では、ハッシュタグは写真を分類するもの、というよりも、その写真の説明を分解し、それぞれにハッシュタグを付けたものになっている。ハッシュタグで写真の説明を書いているとも言える。この他にもインスタグラムでは、グルメやファッション、旅などのジャンルで、「#食べるの好きな人とつながりたい」といった「つながりたい」系のハッシュタグも多く見られる。

これらのハッシュタグの特徴は、単語ではなく、一つのセンテンスとして願望や希望、感想などを示しているところにある。このとき**ハッシュタグは、ゆるい検索のキーであるだけでは**

なく、ゆるい連帯のキーでもあるのだ。

二〇一〇年代後半は、こうした検索と連帯のキーでもあるハッシュタグによって、「#アイスバケツチャレンジ」といったチャレンジ投稿や「#BlackLivesMatter」「#MeToo」運動など、インスタグラムだけではなくフェイスブックやツイッターも含めて展開され、個人の行動から大きな動きになっていく事例も多く見られた。コロナ禍においても、「#うちで過ごそう」で三〇〇万以上の投稿、世界も含めた「#Stay Home」では四四〇〇万以上の投稿がなされた。

「インスタ疲れ」からの「ストーリー」機能という逃げ道

二〇一〇年代半ばから、インスタグラムで「漂《ただよ》わせ系」投稿と呼ばれるものが登場し始めた。「漂わせ系」とは、料理写真の向こう側に一部だけ写っているとか、二人分のパスポート写真を写しているなど、直接的に「誰と」来ているかを示さずに「誰か」といる構図で、さらにそれが誰かを明示せずに存在を示唆《しさ》する、すなわち「漂わせている」投稿群を指す言葉である。

なぜこうした投稿が見られるのか。写真や言葉でははっきりと示さないが、それを見るほう（受け手）にはそれを感じて欲しい、あるいは送り手にとって、特定の受け手や幅広い読者・視聴者を想定していないが、伝えたい・表現したいという欲求や思惑を持っていることが背景にある。

こうした「はっきりとは言わないけどそうとわかる」「言わないけど伝わってほしい」という微妙な機微を込めることは、送り手の作法となる。そして、こうした投稿は受け手に対して妄想の余白を提供する。受け手は投稿された写真を起点に、脳内でさまざまな妄想や補完を行う。「きっとこうだろう」という解釈以外に、「こういうことかもしれない」「実際はこうではないか」という裏読み、「こうあって欲しい」という願望、そこにはさまざまな方向性があるものの、**妄想し、余白を補完することは、受け手の作法**にもなってくる。妄想の余白と補完の連鎖は、インスタグラムにおける一つの作法とも言えるのである。

ただし、こうした妄想の余白と補完は、インスタグラムだけにとどまらない。送り手や受け手のリテラシーに依拠しつつ意図を込めたり、読み解いたりというやり取りは、さかのぼれば俳句や短歌にも見られたものであろう。

また現代的には、原作と「二次創作」作品の関係は、妄想の余白と補完によって成立していると言える。「初音ミク」もボーカロイドとしてだけではなく、アニメーションや3ＤＣＧ、コスプレなどの領域でも「元ネタ」として展開していることは、妄想と補完を原動力とした文化現象と位置づけることができるだろう。

一方で近年では、「インスタ疲れ」もささやかれるようになった。**「インスタ疲れ」には二つある。一つは投稿することへの疲れであり、もう一つは見ること、反応することへの疲れである。**

前者を見てみよう。先にインスタグラムは、ブランドとしてその人を見せるディスプレイであると指摘した。しかし、このことは同時に、気軽なインスタグラムへの投稿をためらわせる要因ともなっている。

いつもいつもキラキラ投稿ばかりできるわけではない。キラキラ画像を撮影することにあまりに夢中になってしまい、危険な場所や状況で撮影を試みるエクストリーム・セルフィーによって、命まで落とす事故もたびたび見られる。あるいは周囲へのマナー違反、迷惑行為になっていることもある。

例えば、二〇一九年にはタピオカ・ブームが起こったが、インスタ映えのためにタピオカ・ティーを購入し、飲み残しも含めて容器を路上に捨て置くという事例が増加し、ゴミ問題が指摘された。

これらの危険・迷惑行為は、視聴回数を稼ぐためにユーチューバーなどによって行われていることも多いと指摘されているが、インスタグラムでもビュー数や「いいね」の数を意識して高層ビルや鉄塔など、危険な高さのある場所でセルフィーや動画を撮影する「ルーファー(Roofer)」と呼ばれる人も、同類と言えるだろう。

このように、キラキラ投稿への過度な熱中、あるいはキラキラ投稿をしなければというプレッシャーに、徐々に若者たちが疲れ始めている。

後者に関しては、これまでにあった「ミクシィ疲れ」「フェイスブック疲れ」など、一連の「SNS疲れ」のなかに位置づけられる。他人の「インスタ映え」する投稿による「リア充」ぶりを見せつけられ、自分と比べてプレッシャーを感じたり、他人の投稿に対して反応しなければと思ったりする「インスタ疲れ」を感じる若者も増えつつある。

この「抜け道」として、ストーリー機能が生まれた。ストーリーに投稿された写真や動画は二四時間で消えるため、よりリアルタイム性が重視される。そのため、ストーリーにアップロードされる写真や動画は、より気軽に日常を共有するために、ざっくりと撮影されており、細かな加工や編集は行われないことが多い。

前述したマクルーハンは、「ホットなメディア・クールなメディア」という概念も提唱している。「ホットなメディア」とは情報が高精細で、そのため参加者の関与が低いメディア、あるいはそうした状況を指している。一方で、「クールなメディア」とは情報が低精細で、逆にそれゆえに参加者の関与が高いメディア、状況とされている。高精細のキラキラ投稿がなされるという意味では、インスタグラムは「ホットなメディア」であるが、ストーリー機能でざっくりとした投稿をしている・見ている限りにおいては、インスタグラムは「クールなメディア」になる。

このことがキラキラ投稿と同様に、あるいはむしろそれ以上に、知人とのコミュニケーションに適しているというのは示唆的である。

5Gによって「つながりっぱなし」の時代に

二〇二〇年代半ばには、5Gが本格的に普及していくことが予想されている。5Gによって大容量・超高速で多数同時接続が可能になることで、さまざまなサービスが展開し、次世代の社会基盤にも大きく影響を及ぼすと言われている。

社会的なインパクトを考えるうえでポイントの一つになるのは、**「断続的につながる」**から

「つながりっぱなし」になるという点であろう。

かつてケータイでの通話料が高いため、若者の間でSMSやメールによるコミュニケーションが発展し、パケット定額制が広がった。定額制でなく従量課金制の契約のまま写真をメールで送るなど、大容量のパケットを使用した場合には、「パケ死」と呼ばれるような高額請求がなされた。

それが近年のスマホ時代において、この「パケ死」は従量課金制での高額請求ではなく、契約している高速データ通信量の上限になり、低速になることを指す言葉になった。若者たちは「パケ死」を避けるため、Wi-Fi環境にないときには多くのデータ量が必要となる動画やゲームのダウンロードやストリーミングを控えるようになった。

そういった意味では、これまで若者たちはケータイやスマホを通してずっと誰かとつながっている、コミュニケーションを取っていると考えられてきたが、それは正確には「断続的なつながり（Perpetual Contact）」によって成立していたと言える。

それが街のさまざまな場所でWi-Fi環境が整備され、5G時代になると、モバイルメディアによる本格的な「つながりっぱなし」の時代になってくるだろう。

二〇一八年に設立されたミラティブ（Mirrativ）は、スマホを通したゲーム配信アプリを提供する会社である。ユーチューブで人気のあるジャンルの一つに、ゲーム実況があり、これまではＰＣからでないと難しいとされてきたが、ミラティブによってスマホゲームのゲーム実況を配信することが可能になった。５Ｇによる「つながりっぱなし」は、また新しいジャンルの隆盛をもたらすかもしれない。

オフラインとオンラインの関係は三つの方向へ

ここまで見てきたように、モバイルメディア、ソーシャルメディアの世界観が広がり、「つながりっぱなし」の時代になると、オンラインは用件があってわざわざアクセスするもの、特別で一時的なものではなくなり、オンラインでいること、つながっていることが前提になった社会になってくる。

そうした二〇二〇年代に向けて、オフラインとオンラインとの関係をどのように捉え、その経験や場所をデザインしていくのか。そこには

①オンライン化（Through Online）

②オンライン・オフライン連携（With Online）
③脱オンライン（Without Online）

の三つの志向がある（図7参照）。それぞれについて見ていこう。

①オンライン化とは、オフラインにおけるさまざまな制約から脱することに意味を見出し、オンライン上に既存の現実を代替・拡張した経験や新たな場所・空間をつくる、というものである。

例えば、二〇〇三年に3D仮想世界「セカンドライフ（Second Life）」がサービスを開始し、二〇〇八年には世界中で一五〇〇万人を超えるユーザーがプレイした。セカンドライフ上では、さまざまな企業のバーチャル・オフィス、大学キャンパス、大使館が開設され、リンデンドルと呼ばれる仮想通貨によって商品を販売・購入するなど、実際の世界と同様の活動が行えた。その後下火となったが、日本でも二〇〇〇年代後半からブームとなった。

二〇一一年にリリースされたゲーム「マインクラフト（Minecraft）」も、仮想世界で自由に活動が行えるものとして有名であり、二〇一九年には世界で一億七六〇〇万本以上を売り上げた。学校でもキャンパスや校舎、歴史的建造物など、実際の建造物を制作するといったことに教育利用されている。

Through Online	オフラインの制約を脱することに意味を見出す オンライン上に既存の代替・拡張or新たな場所・空間をつくる
With Online	オンラインを前提に、オンラインとオフラインとの連携に意味を見出す オンラインと連携した場所・空間をつくる
Without Online	オンラインを前提に、むしろオンラインがないことに意味を見出す オンラインがない場所・空間をつくる

図7　オンラインとオフラインの3つの関係性

前述したように、エンターテインメント領域でもオフラインでのライブや公演の実施が難しいなかで、オンラインだからこそ可能な形を探っている。例えば音楽バンドのWONKは、二〇二〇年八月に延期されたツアーに先立ったスペシャルライブとして、メンバー自身が3DCGでアバターとなってライブを行った。ライブは視聴チケット制のストリーミング・サービス「ストリーミング+（Streaming+）」に加え、「ニコニコ生放送」や「GYAO！」など、複数のプラットフォームで配信された。こうした試みは、ただ無観客でのライブを放送するのではなく、オンラインならではの経験を提供するものであると言えるだろう。

働き方の文脈で言えば、BCPやワークライフバランスなどを考えると、オフィス賃料や通勤は今後、無駄なコストになりうる。ビジネスのグローバル化が進むなかで、ワークスタイルの軸足をオンラインに置くことはメリットにもなるだろう。実際にコロナ禍のなかで、少なくない企業がオフィスを解約したり、縮小したりする動きを見せた。

確かに、オンライン上で仕事が進むのであれば、こうした判断は合理的だ。全社員がリモートで働く会社としてはソニックガーデンなどが有名だが、ツイッター社も無期限に自宅勤務にするなど、リモート化の動きがある。

今後はこうした動きの受け皿になったり、加速させたりするようなオンライン上のサービスや場所・空間なども出てくるだろう。例えば、リモ（Remo）は、バーチャルな会議室を提供するサービスであるが、そのなかでバーチャル・オフィスも提供している（図8参照）。

メールやチャット、ZOOMなどで、コミュニケーションの相手と直接的にやり取りできるのに対し、バーチャル・オフィス機能はバーチャルな「場所」を可視化させることで、そこに誰がいるか、今誰と話しているかも可視化され、コミュニケーションに一つの「間」ができる。まるでオフィスにいるかのような感覚で話しかけることができるのである。こうしたバーチャル・オフィスは、今後も展開していく領域であろう。

オンラインは、場所の制限なく気軽に参加できたり、記録に残せるなどのメリットもある。実際に二〇二〇年の春以降は、非常に多くのウェビナー（オンラインでのセミナー）が開催され

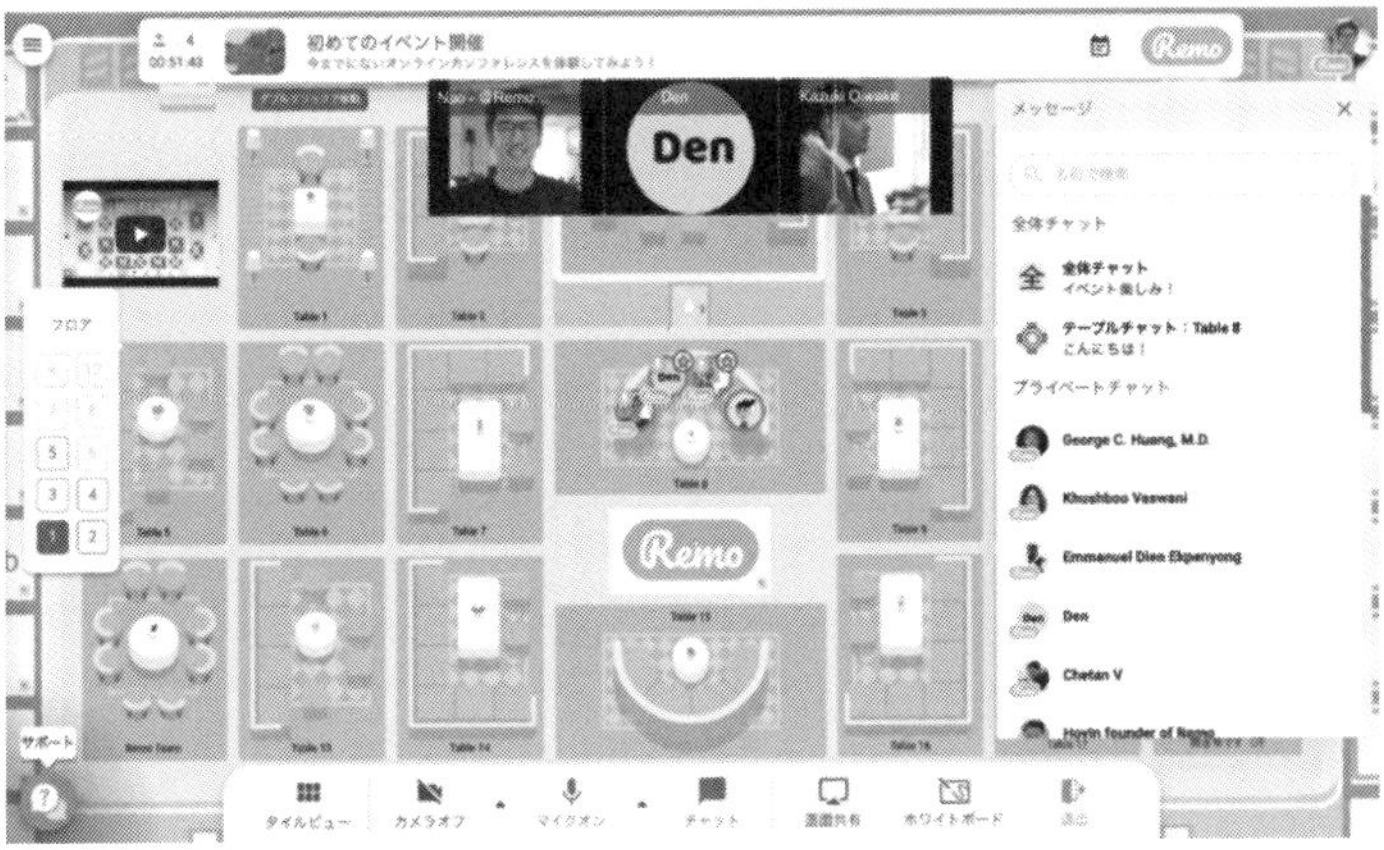

図8　Remoが提供するバーチャルオフィス（リモ・ジャパンの2021年2月3日プレスリリースより）

た。筆者も多くのウェビナーに参加・登壇したり、企画したりしたが、これまでのイベントやワークショップと比較して大きな変化を感じられた。

一つは企画から実施までのスピード感が非常に高まったことである。企画や実施についての打ち合わせもソーシャルメディアやＺＯＯＭなどオンラインで行うので、一週間で企画から実施まで行う、ということもあった。二つ目は参加者数の増加である。先にも述べたように、今までは会場に行かなければならなかったのが、ウェビナーでは場所を問わず参加できること、モバイルメディアを利用すれば移動しながらや他の何かをしながらラジオ感覚で聞くことができること、何より（？）気軽に退室できるためにこれまで以上により気軽に参加できるようになったことが背景にある。

二〇二一年初頭に盛り上がりを見せているクラブハウス（Clubhouse）も、こうした文脈に位置づけられるだろう。

②オンライン・オフライン連携とは、オフラインを前提に、オンラインとオフラインとの連携に意味を見出し、オンラインと連携した場所・空間をつくるものである。これが現実的には主流になってくるだろう。

ニコニコ超会議のようなオンラインでの集まりや活動をオフラインで、というものや、オフラインでのイベントをオンラインで同時に行ったり、イベント後の記録や交流を行ったりするものだ。また、コワーキング・スペースのような場所をオンラインでも展開することも考えられる。

学校やオフィスなども、オンライン、オフライン双方でそういった設計が求められるだろう。二〇二〇年五月には、KDDI、渋谷未来デザイン、渋谷区観光協会が協同した「バーチャル渋谷」がオープンした。渋谷区も公認するバーチャル渋谷は、現実の渋谷スクランブル交差点を中心とした一角を、バーチャルSNSアプリ「クラスター（cluster）」上で再現したものので、人々はアバターとして再現され渋谷を歩くことができる。オープン時にはアニメ「攻殻機動隊」のイベントが行われ、芸能人やアーティスト、ブイチューバーがMCとして登場し

図9　バーチャル渋谷

た。

先ほど二〇〇〇年代初期にセカンドライフが流行したと述べた。バーチャル渋谷とセカンドライフはバーチャル空間という意味では同じであるが、実際にある空間と連携しているかどうかが異なっている。バーチャル渋谷は、実際にある渋谷を店なども含めて再現しており、自分がアバターとしてあたかも実際に渋谷を歩いているような感覚を持てるところに特徴がある（図9参照）。

今後の展開を考えると、バーチャル渋谷だけで楽しむのではなく、バーチャル渋谷と実際の渋谷とが連携することによる魅力創出やブランディングを通して、実際の渋谷への来街者の増加につながるかがポイントになってくるだろう。

このように、オンライン上にミラーワールドをつくり、連動させていく技術は、「デジタルツイン」とも呼ばれ、リアルタイムなシミュレーションをもとに工場のプロセスの最適化や故障発見にもつながるテクノロジーとして期待されている。

バーチャル渋谷に続き、二〇二〇年七月には「バーチャル秋葉原」も誕生し、二〇二〇年八月にはバーチャル秋葉原を会場として同人誌即売会も開催された。さらに二〇二一年一月には、「まちのＤＸ」を掲げた「バーチャル丸の内」も誕生した。

これらは、バーチャル空間上であればどこでも良いというわけではない。渋谷や秋葉原、丸の内といった街やエリアが持つ固有のストーリーと結びつけるために、実物と同様の、あるいは実物を再現したものであることに意義がある。その意味で、どこにもないものをオンラインで実現したセカンドライフでもないし、架空の「夢の国」をオフラインで実現したディズニーランドでもない、オンラインとオフラインが連携し、「重なること」で生み出す価値と言えるだろう。

ビジネスにおいても、中国で「アリババ」が運営するスーパーマーケット「フーマーフレッシュ（盒馬鮮生）」に代表されるようなＯＭＯ（Online Merges with Offline）やＤＸ（Digital Transformation）なども、つながりっぱなしを前提としたオンライン・オフライン連携に含まれるだろう。

詳しくは後の章で説明するが、ワークスタイルやオフィスがどのようになっていくのかを考えるうえでも、オンライン・オフライン連携は軸となる。テレワーク、リモートワークが例外的であったり緊急対応的であったりせず、一つのワークスタイルとして定着していった場合、オフィスという空間の意義は再検討される。

実際に、コロナ禍において、二〇二〇年八月一二日の日経新聞では「東急、渋谷依存に試練　テレワークでオフィス離れ加速」という見出しで、渋谷のオフィス群からスタートアップを中心にオフィス離れが見られる様子が報じられた。こうした傾向は、大手町など他のオフィス街でも見られる傾向だという。

今後はテレワーク、リモートワークなどのワークスタイルを企業経営、人材戦略に織り込みながら、オフィスというオフラインの場所をどのように定義づけるか、価値を見出すかが求められる。

③脱オンラインとは、日常的にオンラインがある、接続している生活を前提に、むしろオンラインがない意味を見出し、その場所・空間をつくる、という志向である。

先ほども若者たちのSNS疲れを指摘した。その要因の一つは、来ているメッセージに返信しなければならないというプレッシャーであった。仕事でも同様に、メールや電話の対応、さらにZOOM会議など、オンライン・メディアによって連絡やコミュニケーションは効率化したのと同時に、対応すべき数も急増した。オフィスか在宅かにかかわらず、仕事時間のほとんどがこうしたコミュニケーションで占められていることは珍しくはない。

もちろん、それ自体が仕事であるという業種やポジションもあるだろう。しかし、そうでない場合、コミュニケーションだけで時間が過ぎていくのであれば、集中して構想を練る、資料づくりに取り組むといったいわゆる「思考の深化」を要する仕事はなかなか難しい。そのため、こうした仕事をする場合、オンラインから隔絶されている時間や場所が、これまで以上に必要になってくる。

スノーピークが展開する、アウトドア用の椅子やテーブル、テントなどを使って外の空間をワークプレイスにするキャンピング・オフィスや、メガネメーカーのＪＩＮＳが展開する、ひとりで集中することにフォーカスを当てたスペースである「Think Lab」などは、こうしたニーズに対応したものと言えるだろう。

別の視点に立つと、これまで一見、無駄でオンラインによる効率化をすべき対象と思われていた「余白」や「偶然性」の見直しも、コロナ禍で対面や移動が制限されるなかで行われた。例えば、会議前後のちょっとした時間に他の部署の人や上司と雑談をする、といった時間がオンライン会議ではほとんどない。しかし、この雑談こそが関係性の形成や維持にとっては重要だったことに気づいた、という人は少なくないだろう。

また、営業や打ち合わせなどもオンラインで済むようになると、電車に乗り、街を歩いていて、ふとした瞬間にきっかけや刺激になる情報や場面に出合うとか、イベントやワークショップに参加して、今まで考えてもいなかった領域の人と隣の席になって話す、といった偶発的な出会いがほとんどなくなる。

こうした「偶然性（セレンディピティ）」や「余白」は、脱オンラインの経験や場所を考え、つくっていくうえで、これまで以上に重要になってくるだろう。

ここまでオフラインとオンラインとの関係の捉え方や、そのなかでの経験や場所のデザインについて、三つの志向を見てきた。この三つはどれが優れているとか、どれを選択するべきか、という選択肢ではない。**重要なのは、オンラインとオフラインは相互排他的な二者択一ではなく、程度の問題として捉えること**である。

私たちはモバイルメディア、ソーシャルメディアがない時代に戻れない。そのため現代においてスマホがないこと、すなわちオフラインの意味や価値は、あくまでスマホがあり、オンラインである状況や社会を前提として初めて見えてくるものになっているのである。

移動・対面・共有における価値転換と「ギグ・エコノミー」による格差

この章では、インターネットとモバイルメディアがもたらした変容について、具体例とともに見てきた。つながりっぱなしの時代においては、オンラインとオフラインは二者択一の世界ではない。両者は分かちがたく結びついて溶け合っており、比率がどうか、という程度の問題になる。こうした前提に立つと、これまで私たちが当然だと思っていた移動、対面、共有はどのように捉えることができるのだろうか。

二〇〇〇年以降、移動すること、対面すること、共有することは、基本的に「肯定されるもの」であった。

格安航空会社（LCC：Low Cost Carrier）の登場と普及によって、飛行機での移動は今までに考えられないくらい手軽なものになった。一九九〇年代半ばからアメリカ、ヨーロッパに始まり、二〇〇〇年代に入ると東南アジアでも、LCCが提供する座席数は急増している。日本でも、ピーチやジェットスター、エアアジアが二〇一二年に参入し、LCCが一般的に認知されるようになっていった。

また、サードプレイスを標榜《ひょうぼう》するスターバックス・コーヒーや、働く文脈で言えばコワーキング・スペースが普及し、人々が集まるコミュニティやコラボレーションが叫ばれ始めたのも、二〇〇〇年代半ば以降である。

モバイルメディアによって「いつでも・どこでも」つながることで、動かなくてもよいことにではなく、「いま・ここ」の経験や共有に重心が移ったのは、このように移動のコストが下がり、より容易に、身近になっていったこととも密接に関連している。

しかし、**二〇二〇年の新型コロナウイルス感染症の拡大によって、一転して対面、集合、移動の拡大にはブレーキがかけられ、「避けるべきもの」となった。**なぜなら情報やアイデア、コミュニケーションが広がっていくネットワークの構造は、まさしくウイルス拡大の経路の構造とほぼ同じであったためである。

コロナ禍以前からグラフ理論やネットワーク科学の研究において、その構造だけ見ると、ウイルスの感染網はソーシャルメディア、道路網・航空網、電力網と同様であると指摘されていた。ＩＡＴＡ（国際航空運送協会）の発表によると、世界の航空需要は二〇二〇年五月に、前年同月比で九一％減という落ち込みであった。鉄道業界においても、二〇二〇年のゴールデンウィークにおけるＪＲ各社の利用者は、前年比九五％減という状況であった。

コロナ禍において、多くの国、都市で移動や集合を避け、自宅で生活することが要求された。ただしそれはより正確には、「自分以外の移動」によって支えられる生活であった。

例えば、「食べる」ことを考えてみよう。確かにレストランや居酒屋などでの外食は自粛され、自炊、テイクアウト、宅配がメインとなった。急速に普及したフードデリバリーサービスは当然のことながら、宅配する（移動する）人が必須である。

ウーバーから派生したウーバーイーツでは、スマホのアプリからの注文のみならず、注文を受け、宅配する側もスマホなどモバイル機器が必須となっていたり、出前館はＮＴＴドコモやＬＩＮＥと提携するなど、どれもモバイルメディア、ソーシャルメディアを前提とし、自分に「フィットする」ように設計されたサービスである。

つまり、コロナ禍において、モバイルメディア、ソーシャルメディアは自分が移動するためではなく、**自分が移動しないために、すなわち自分にフィットするように活用されるようになった**のだ。これはフードデリバリーだけではなく、アマゾンや楽天、ヨドバシカメラなどの通販サービスも同様である。このように在宅での生活は、テイクアウトや宅配、通販など、流通に関わる部分を、サービスとしての他者の移動に頼ることで初めて成立するものであった。

ウーバーイーツと似たサービスとして、タスクラビット（TaskRabbit）がある。タスクラビットは、家具の組み立てや修理、庭の芝刈り、買い物などの家や家具に関する仕事をする人（タスカーと呼ばれる）を探し、マッチングするサービスである。二〇一七年にイケア（ＩＫＥ

A）の子会社となったことでも知られている。

これらのサービスは、それぞれ社員を雇って派遣しているわけではなく、あくまでお願いする人と実行する人とのマッチングを提供するプラットフォームである（と主張している）ことが特徴である。そのため、ウーバーイーツもタスクラビットも、それぞれ働き手として配達人、タスカーになって働く機能も提供している。

このように個人がプラットフォームを利用し単発の仕事を請け負う形態は、ギグ・エコノミーと呼ばれる。ギグ・ワーカー（ギグ・エコノミーの働き手）は、それぞれの企業の社員ではない。プラットフォームはあくまでマッチングを提供しているだけであり、働き手から見ると自分が負担しなければならない部分も多い。

例えば、ウーバーイーツの配達人にとって、スマホや自転車は会社から提供されるのではなく自分が準備すべきものであり、また依頼がない限り収入はゼロである。コロナ禍においては、こうしたギグ・ワーカーは他人の対面や移動の負担を肩代わりし、感染のリスクを負って仕事をしていると言える。

二〇二〇年四月に出されたパーソルによるテレワークの実態調査によると、テレワークの実施率は正社員が二七・九％であったのに対して、非正規の社員では一七％にとどまっていた。

このように、テレワークはどこからでも働ける人を増やしているが、同時にテレワークをするのは正社員、現場に立たざるをえないのは非正規雇用の人、という分離につながっていく可能性がある。

一方で、移動の価値には今後、貴重なものとしてむしろ高まっていくものもある。こうした移動は「特権的な移動」と言える。逆にそういった機会を得られない人々は、「押し付けられた無移動」を余儀なくされる。

あるいは、外食や買い物など、移動することのリスクを考えると、移動しなくてよい生活も「安全」なものとして貴重になってくるだろう。これは「特権的な無移動」とも言える。この「特権的な無移動」は、ここまで見てきたようにある種、「押し付けられた移動」によって成立している。

すなわち**ギグ・エコノミーは、「特権として」の移動と無移動ができる人と、「押し付けられた」移動・無移動をせざるをえない人との格差を助長するものとして機能しうる。**

ただし、ギグ・エコノミーを公共インフラにする事例もある。例えば、東京都三鷹市は二〇二〇年七月から、デリバリー三鷹というフード宅配サービスを始めた。コロナ禍によって打撃を受けている飲食店と、アルバイト先が休業して収入が減少した学生への支援を目指したものである。地元の飲食店が対象で、チェーン店などは対象になっておらず、また市が運営しているため、宅配の手数料がかからないようになっている。このように、ギグ・エコノミーの公共化によって飲食店、宅配する労働者の格差を是正する動きも今後広がっていくだろう。

ギグ・エコノミーと似た概念として、シェアリング・エコノミーがある。カーシェアリングや、エアビーアンドビー（Airbnb）に代表されるように家・宿泊施設といったモノや場所を共有するものである。ギグ・エコノミーは比較的ワーカーに注目し、シェアリング・エコノミーは共有されるモノや場所、ユーザー側に着目した概念と言える。

しかし、コロナ禍において、さらにはアフターコロナにおいて、モノや場所を共有するには今まで以上に消毒をはじめ感染予防が徹底される必要がある。これまでプラットフォームはあくまでマッチングを提供するだけであり、提供する側の信頼は、利用者の評価によって担保されてきた。その点で今後は、プラットフォームもそうした信頼性をある程度は担保するべきなのか、あくまで提供する側の責任なのか、不透明である。

今までは空いているモノや時間・場所を手軽にマッチングし、共有することは有効活用であると捉えられ、利用者側も購入・所有することと比較して安価に利用できた。しかし、今後は共有のためのコストが非常に高くなったり、利用者にとって信頼を担保するものが不透明になってきたりと、共有を軸としたサービスは再び所有へと回帰する可能性もある。

この章では、モバイルメディア、ソーシャルメディアを中心としたインターネットが社会にもたらした変容を、リモート・ネイティブとも言える若者たちのコミュニケーションや生活変化、価値観を中心に見てきた。そこではオンラインだけ、メディアだけではなく、私たちの生活やリアル、オフラインの場所や経験もともに変容している。

では、これらの変容は、私たちのワークスタイルにどのように影響を与えたのか。次の章からはそちらにフォーカスを移して見ていきたい。

CHAPTER 2

「オフィス」はどこになるのか？

コロナ禍がもたらした「ＷＦＨ」の経験

コロナ禍では活動自粛のなか、さまざまな企業で在宅でのテレワーク、リモートワークがこれまで以上に広がり、継続された。こうした自宅から仕事をすること、すなわち「ＷＦＨ（Work from Home）」を人々はどのように捉えたのか。

ＫＤＤＩが二〇二〇年六月に発表した調査結果では、テレワークのメリットとして九〇％を超える回答者が、通勤時間の減少を挙げた。確かに、通勤がなくなったことによる電車利用の減少は、ＪＲ、私鉄各社のビジネスモデルの根幹を揺るがすと言ってよいほどのインパクトがあった。その他には、「作業に集中しやすい」「自由な服装で仕事ができる」「家事との両立がしやすい」などがメリットとして挙げられた。

一方、デメリットとしては、仕事面で「同僚との何気ないコミュニケーションがとりづらい」が挙げられ、その他にネット環境や書類の決裁、プライベートとの区別がつかないことなどが挙げられた。生活面のデメリットとしては、六割強の回答者が「運動不足になる」を挙げ、その他に気分転換、会話がないことが挙げられた。

ただし、ここで挙げられたことの多くは、「オフィスに行かなくてもよい」だけではなく、「自宅にいないといけない」ことを前提としている。そのため、コロナ禍による活動自粛によって生じた問題なのか、テレワーク、リモートワークが抱える問題なのかは区別する必要がある。

とはいえ、**ＷＦＨには課題もあるもののメリットもあり、一概に不可能なワークスタイルではないことを、私たちの多くが経験した**ことの意義は非常に大きい。

すべての働く人にＷＦＨが強制されるべきではないが、オフィスよりもＷＦＨのほうにメリットを見出す人、オフィスとＷＦＨを組み合わせる人、ライフステージや事情で一時的にＷＦＨを行う人といったように、オフィスとＷＦＨが併用される道を探るべきであるという流れが徐々に形成されていくだろう。

二〇二〇年五月に緊急事態宣言が解除されると、徐々に都市、オフィスにも人が増え始めていったが、同時にツイッター上では「＃通勤うつ」といったハッシュタグが広がるなど、不安も見られた。

一方で、テレワーク、リモートワークを否応《いやおう》なしに導入し、続けてきたなかで、必ずしもオフィスに戻ることだけが取るべき道ではないことも徐々に明らかになっていった。通勤時間がない、会議が効率的に行える、家族との時間が取れるなど、さまざまなメリットがあり、そのことを経験できたのである。一度知った経験をなしにすることは難しい。

オフィス以外で働く流れは、グラデーションはあるものの定着していくだろう。海外の事例では、フェイスブックやグーグルは二〇二〇年末まで、ツイッターは社員の永続的な在宅勤務を認めると発表した。日本でも、日立製作所が二〇二一年四月から勤務日の約半数を在宅勤務にすることを発表し、富士通も二〇二一年から遠隔勤務を導入した。テレワーク、リモートワークを「許可」ではなく、オフィス勤務を「許可」という企業も出てくるだろう。

こうした流れのなかで、通勤手当ではなく、テレワーク、リモートワーク手当、さらには出社手当を支給するところも出てきた。これは**企業として通勤手当などのような「移動」にではなく、テレワーク、リモートワークに関する環境の整備・維持に関わる「接続」に対して支援を行う流れが、徐々に出てきた**ことを示している。

「バーチャル・オフィス」から見えるオフィスの本質

それではオフィスは、これからどのような場所になっていくのか。それを考えるために、逆説的ではあるが「バーチャル・オフィス」を考えてみよう。バーチャル・オフィスとは、物理的なオフィスではないが、事業に必要な住所を貸し出したり、郵便受け取りや電話対応などを代行したりするものである。ただし近年では、オンライン上にオフィス空間を構築したものも指すようになった。

アメリカに「eXpリアルティ」という不動産仲介業者がある。この会社は、オンライン上にVRを活用したオフィスを設立したことで有名だ。社員はそこに出社し、会議を行ったり研修を行ったりしている。

こうしたバーチャル・オフィスであれば、社員の数は問題ではなくなり、それに応じた面積のオフィス賃料など、さまざまなコストがカットできる。ただ課題として、同僚と何気ないコミュニケーションが取りづらいことがある。そのため、多くのバーチャル・オフィスでは、オンライン上でバーやカフェといった場所、サークルのような活動を展開するなど、社員同士が交流する工夫を行っている。

これまでも仮想空間にオフィスや会議室をつくる、という実践は重ねられてきた。AR、VR技術、そして5Gなど技術的な下地が整っていくなかで、今後本格化する可能性もあるだろう。

ここで考えたいのは、そもそもバーチャルとは何なのか、である。私たちはバーチャルという言葉をオンラインや仮想空間とほぼ同義に使用しているが、実はそれは本来の意味とは異なっている。日本バーチャルリアリティ学会は、バーチャルの定義について次のようにまとめている。少々長いが引用しよう。

バーチャルリアリティのバーチャルが仮想とか虚構あるいは擬似と訳されているようであるが、これらは明らかに誤りである。バーチャル（virtual）とは、'The American Heritage Dictionaryによれば、「Existing in essence or effect though not in actual fact or form」と定義されている。つまり、「みかけや形は原物そのものではないが、本質的あるいは効果としては現実であり原物であること」であり、これはそのままバーチャルリアリティの定義を与える。

ここからわかるように、バーチャルとは見かけは異なるが本質は同じものを指す言葉だ。バーチャル・オフィスとは、オフィスのような見た目や雰囲気をオンラインで再現することではなく、オフィスの機能や効果をオンライン上で発揮する環境を整えることである。

すなわち**バーチャル・オフィスを考えることは、オフィスの本質は何かを考えること**である。住所や郵便、電話などを代行するのは、実質的にそのような機能がオフィスの本質であると考えられていることを示しているし、「eXpリアルティ」からは、物理的な空間かオンラインでの空間かは関係なく、会議や研修、コミュニケーションこそがオフィスの本質であると考えていることがわかる。

私たちはオフィスに何を求めているのか。企業はオフィスをどのような場として捉えているのか。オフィスに求められた価値について考えてみよう。

オフィス「改善」における三段階の歴史

機能的で、快適なオフィスで仕事をしたい、とは誰もが思うだろう。近年ではビリヤード台やバーカウンターが設置されたいわゆる「おしゃれオフィス」や、植物など緑を多く配置したり、畳部屋や仮眠室などを設置した「いやしオフィス」も見られるようになってきた。

「ショムニ（一九九八、二〇〇〇、二〇〇二、二〇一三）」や「ハケンの品格（二〇〇七、二〇二〇）」、「半沢直樹（二〇一三、二〇二〇）」など、オフィスが登場するテレビドラマを見ると、かつての机が島型に並んでいるオフィスと、近年のオフィスとの共通点と違いに気づくかもしれない。

ここでは空間としてのオフィスが、どのように変遷してきたのかを見ていこう。

空間としてのオフィスの変遷には、いくつかの時代区分がある。牧野智和（二〇一八）はオフィスデザインの志向として、大きく三つの時代区分があるという。

一つは一九五〇～六〇年代に科学的手法によって可視化・最適化された、仕事の流れ・動線のなかへの埋め込みである。これはテイラー主義をオフィスに持ち込んだという意味で、テイラード・オフィスとも呼ばれる。今でもよく見る島型対向式がこれにあたる。

テイラー主義とは、フレデリック・テイラーが二〇世紀初頭に提唱した合理的・効率的な生産を目指す科学的管理法だ。テイラー主義は主に工場生産についてのものであるが、それは工場にとどまらず、組織マネジメントとしてオフィスでも当てはめられるようになった。つまり、テイラード・オフィスは、工場のメタファーによってデザインされていた。

それが一九七〇～九〇年代になると、オフィスは知的生産の場所になり、オフィスビル内部に設営された多様な空間がもたらすアメニティを取り入れたデザインがされるようになった。

二〇〇〇年代以降は、知的創造につながるさまざまな活動を誘発する仕掛けを取り入れたデザインとなる。例えば、社員同士の雑談は「セレンディピティ（偶然性）」を生むものとしてイノベーションには重要であり、そのために社員同士が交流する場をつくる、というようなデザインである。

紺野登・華穎（二〇一二）は牧野とほぼ同じ分析から、一九六〇～七〇年代のオフィスを「オフィス1・0」として、効率的ファシリティの時代と位置づけた。同様に、一九八〇～九〇年代は「オフィス2・0」として戦略的オフィス、二〇〇〇年以降は「オフィス3・0」として「場」のデザインの重要性を指摘した。

これらはすべて、オフィスを「より良く」していこうと「改善」する流れとも位置づけられる。それでは、何を目指しての「改善」であったのか。それぞれの時代の転機から見ていこう。

一つの転機として、一九八〇年代半ばのニューオフィス運動がある。当時の通商産業省が推進したこの運動では、それまで限られたスペースでいかに効率よく人を配置し、作業するかがオフィスの指標となっていたが、そうではなく人間生活の場、情報化の中核の場、企業文化の発現の場、国際化の前線の場としてデザインされるべきだとされた。

当時のオフィスはＯＡ（Office Automation）化が進み、ファックスや大型コンピュータなど、さまざまな情報機器が導入されるようになった。これらの情報機器をどのように配置するか、それらが発する音や熱などにどのように対応するかといった観点から、オフィス環境が整備されるようになった。

同時に、情報機器によってデータ入力や処理などの単純作業が代替されることで、人間は知的生産、知識創造といった、より「人間らしい」ことが仕事になると叫ばれた。

このように**一九八〇年代のオフィスは、情報機器によって情報処理の合理化・効率化を行い、同時に人間関係や情報文化、企業文化、国際化の拠点を目指す場となった**のである。

一九八七年にはニューオフィス推進協議会が設立され、翌一九八八年には日本経済新聞社と共催で日経ニューオフィス賞がスタートした。

もう一つ転機として挙げられるのは、経済産業省を中心に二〇〇〇年代半ばから推進されるクリエイティブ・オフィス推進運動である。このなかで中核となったのは、野中郁次郎のSECIモデルをもとにした、知識創造行動を引き起こすワークプレイス、というコンセプトである。

経済産業省によると、クリエイティブ・オフィスとは「知識創造行動を誘発する、空間・ICTツール・ワーカーへのはたらきかけ（三つの加速装置）と組織の目標とプロジェクトのゴールに向けたマネジメント（駆動力）の双方を備え、組織の創造性を最大限に発揮するための働き方に適した『場』」であると位置づけられる。

二〇〇七年には、「感性価値創造イニシアティブ」も経済産業省から出された。報告書によると、感性価値とは感性に訴えたり、感性に共感することで、作り手と使い手が共創するなかで生まれる経済価値を指す。

オフィスでも企業における感性価値創造を促進し、知的生産性の向上を図ることが目指された。このように**二〇〇〇年代半ばからのクリエイティブ・オフィス推進は、知識創造、感性価値創造と密接に結びついている。**

二〇一〇年代に入ると、社内だけではなく社外の知識や情報を取り入れたり、逆に社内の知識や情報を社外に積極的に発信し、その交流によってイノベーションを起こしていくというオープン・イノベーションに注目が集まるようになった。そのなかで、イノベーション・プラットフォーム、フューチャー・センター、リビング・ラボなどに代表されるような**社内と社外の境界をなくし、交流していく空間を設置していく動き**が活発になった。

例えば、二〇一二年にはＳＹＮＱＡ（イトーキ）、二〇一四年にはＨＡＢ-ＹＵプラットフォーム（富士通）、オープン・イノベーション・ハブ（富士フイルム）、二〇一五年にはオープン・イノベーション・ビオトープSea（岡村製作所：現オカムラ）がオープンし、そこで社内外の交流が目指された。

二〇一六年にはヤフー・ジャパン（Yahoo! Japan）のオフィス内に、「ロッジ（ＬＯＤＧＥ）」と呼ばれるコワーキング・スペースが開設された。ロッジは社員以外の人にも無料で開放されており、カフェやランチも利用できるようになっている。そのため、社外の人も気軽に訪問しやすくなり、社員が社外の人と打ち合わせをしたり、ワークショップやイベントを行うことも容易になった。

オフィスの改善の流れとして、フリーアドレス・オフィス（ノンテリトリアル・オフィスとも言う）にも触れておこう。

一九八〇年代半ばのOA化のなかで、情報機器が設置されるオフィスの空間は逼迫《ひっぱく》した。そのため、個人専用席の稼働率が高くなければ、共有化したほうが効率的であるという観点から、固有席を共有の自由席にするフリーアドレス制が導入された。

それが二〇〇〇年代に入ると、前述した知識創造行動を引き起こすワークプレイスの一つのアプローチとして、フリーアドレス・オフィスが取り上げられるようになる。社内でプロジェクト単位の仕事が増え、さまざまな部署からメンバーを集めたプロジェクト・チームの編成が必要になったこと、たまたま隣り合わせた社員との出会いやコミュニケーションなど、偶発性が知識創造につながること、といった観点でフリーアドレス・オフィスが有効だと考えられた。

その結果、さまざまな企業でフリーアドレス・オフィスが導入されるようになった。こうしたフリーアドレス・オフィスでは、席が共有であるため、荷物などを入れておく個人用のロッカーが別途設置されていることが多い、固定電話、デスクトップPCではなく、携帯電話、スマホ、モバイルPCなど、モバイルメディアが基本になっているなどの特徴がある。

こうしたフリーアドレス・オフィスをさらに進めた形態として、ABW（Activity Based Working）がある。ABWは、その考え方自体は以前からあったが、実践としてはオランダのコンサルティング企業ヴェルデホーエンが取り入れたオフィスデザインやワークスタイルのコンセプトである。

フリーアドレス・オフィスは空間の効率化の観点からスタートしたのに対して、**ABWは社員の活動を想定し、それに適した空間を設置し、生産性を上げていくという観点でオフィスをデザインする。**フリーアドレス・オフィスで想定されている「仕事」が単一的であるのに対して、ABWでは「仕事」にさまざまな活動があることを重視している。

例えば、イトーキはヴェルデホーエン社の知見に基づいて、「ABWの考え方に基づく『10の活動』」を整理している。それによると、一人では「高集中」「コワーク」「電話／WEB会議」、二人では「二人作業」「対話」、三人では「アイデア出し」「情報整理」「知識共有」、その他として「リチャージ」「専門作業」を挙げている。これらの活動は、必ずしも机と椅子だけで成立しているわけではない。アイデア出しにはソファのほうがリラックスできるかもしれないし、逆に立ったままのほうが適しているかもしれない。集中して作業する際や、電話やウェブ会議なら、周りの雑音がないフォンブースのような防音性が高い仕切りがあることで快適にできるかもしれない。

このように、ＡＢＷは前述のクリエイティブ・オフィスの一つのデザイン・コンセプトとして、日本においてもさまざまな企業で導入されるようになった。ＡＢＷの観点に立てば、オフィス内部だけではなく、カフェや図書館などオフィスの外部も含めてワークプレイスとして捉えられる。

日本テレワーク協会（二〇一七）は、オフィスと自宅以外の働く場所として、カラオケボックスや自動車なども含んだ「サードワークプレイス（Third Workplace）」という概念を提唱している。そこでは「ＡＢＷ」をオフィス以外にも適用することで、「テレワークは特別な働き方ではなく、その業務タスクを行うことのできる適切な場所がオフィス外であるだけの違いとなる。つまり、テレワークは『特別な人が実施する』のではなく、『業務の生産性向上のために全ての人が実施する』ことが自然になる」というように、生産性を上げるためにすべての人がテレワークを実施する・できる状態を望ましいとする論理を展開する。

また、オフィスを異化する環境デザインの一つとして、アウトドアメーカーのスノーピークのビジネス部門であるスノーピークビジネスソリューションズが進めている、キャンピングオフィスがある。スノーピークビジネスソリューションズによると、キャンピングオフィスとは「自然を感じながら、人と人が心を通わせ、人間らしくリクワク働ける」仕事環境を指す。

キャンピングオフィスは二〇一七年前後から、さまざまな場所で実証実験、導入が進められている。キャンピングオフィスには二つあり、一つは外でテントを張って仕事をするなど、アウトドアにオフィス環境をつくり、そこで仕事をするというものである。もう一つはオフィスにキャンプ用の椅子や机などを持ち込んで仕事をするなど、オフィスにキャンプ要素を入れることである。

そこで語られるのは、アウトドア経験による社員同士の関係性の向上こそが、働き方改革や生産性の向上に対する有効なアプローチであるというロジックである。オフィスの外で気分を変える、焚き火を囲んで語り合うなど、自然による人間性の回復が重要で、健康経営の面からも有効であると語られる。逆に言えば、これまでのオフィスは気分を転換させたり、人間性を発揮したりする余地があまりない場所であるという認識からスタートしている。

ここまで見てきたように、当初はオフィスの改善は、オフィス内の環境をどのようにマネジメントするか（ファシリティ・マネジメント）という視点で考え、いかに効率的、合理的に仕事ができるかの観点から行われてきた。一九八〇年代のニューオフィス、二〇〇〇年代のクリエイティブ・オフィスでは、その方向性が転換する。そこでは、オフィスは知的生産、知識創造、感性価値、イノベーションが目指される「人間的」な環境、場所であることが目指されてきた。

二〇一〇年代になると、ＡＢＷに見られるような働くという活動にフォーカスしたオフィスデザインに注目が集まるのと同時に、オフィス内部をどう設《しつら》えるかだけではなく、オープン・イノベーションをコンセプトに社内外の境界を曖昧にし、交流やコラボレーションが行われる場所も重要なピースとしてデザインされるようになってきたのである。

「コワーキング・スペース」の背景にあるコミュニティへの希求

オフィス外で作業したり、交流やコラボレーションが行われる場所として、コワーキング・スペースを思い浮かべる人も多いかもしれない。オフィス改善の流れは、比較的大きな企業が中心であったが、より小規模の企業や個人事業主、フリーランスにとってはコワーキング・スペースの活用がその解になりうる。

コワーキング・スペースの前史として、「ＳＯＨＯ」や「シェア・オフィス」がある。一九九〇年代半ばから、ＳＯＨＯが登場した。日本ＳＯＨＯ協会によると、ＳＯＨＯとは「ＩＴ（情報通信技術）を活用して自宅や小規模事業所等で仕事を行う独立自営型就労」であるとされている。ＳＯＨＯは「Small Office/Home Office」の頭文字を取ったものであるが、場所そのものではなく就労形態を指す。

小規模なスモール・オフィス（Small Office）や、自宅で仕事をするというホーム・オフィス（Home Office）はそれまでも存在していたが、ＩＴと結びついて位置づけられている点に着目したい。

また、一九九〇年代末の日本では、ＩＴバブルを背景に楽天、ヤフー・ジャパン、サイバーエージェントなどがベンチャーから巨大企業へと成長していった。これらのＩＴベンチャーも、初期は一つのフロアをいくつかのベンチャーでシェアするというシェア・オフィスの形態を取ることが多かった。

二〇〇〇年代半ば以降、これらＳＯＨＯ、シェア・オフィスの延長線上にあるものとして、コワーキング・スペースが徐々に広がりを見せるようになった。二〇〇五年前後からアメリカでは、同時多発的にコワーキング・スペースが登場してくる。

どこが最初のコワーキング・スペースなのかは諸説あるが、最初期のコワーキング・スペースの一つとして、アメリカ・サンフランシスコの「スパイラル・ミューズ（Spiral Muse）」という施設がある。そこには、フリーランスで仕事を行うライターやデザイナー、企業内でも個人で仕事をすることが多いプログラマーなどが集まった。

家やオフィスでは環境が十分に整っていない、あるいは話しかけられたりして集中できない。しかし同時に、一人だと孤独を感じてしまう。コワーキング・スペースはこうした悩みを持つ人にとって、**家でもオフィスでもなく、快適に仕事ができる場所であり、なおかつそこには一緒にランチしたり、雑談する仲間もいる「ひとりだけど一緒」の場所**となった。

言い換えると、コワーキング・スペースはIT化やフリーランスといった働き方を背景に、仕事のための環境整備や孤独、コミュニティへの希求などの課題を解決する場所として形成されていったのである。

これ以降、サンフランシスコにはハット・ファクトリー（Hat Factory）やシチズン・スペース（Citizen Space）など、プログラマーをはじめとしたIT系のフリーランスたちが働くコワーキング・スペースが次々に設立されていった。こうした動きはニューヨークのニュー・ワーク・シティー（New Work City）、シアトルのオフィス・ノマド（Office Nomads）など、アメリカ全土に広がっていった。二〇一〇年前後からは、神戸のカフーツ（Cahootz）、大阪のジューソー・コワーキング（JUSO Coworking）、東京のパックス・コワーキング（PAX Coworking）やコーバ渋谷（co-ba shibuya）など、日本にも浸透していった。

その背景には、リーマン・ショック以降の世界的な経済不況もあった。CBREの調査によると、二〇一八年時点で東京都内のコワーキング・スペースは三四六拠点にのぼるという。そうしたなかで、コワーキング・スペースもそれぞれが特徴を持ち、分類されるようになっていった。

特徴の一つが、二〇一〇年を皮切りに始まっていったコワーキング・スペースの大型化である。二〇一〇年にニューヨークで登場したWeWorkは、世界中へと進出し、またたく間に巨大なコワーキング・スペースを提供するプラットフォームとなった。二〇一八年にWeWorkが日本に進出したのは、記憶に新しいだろう。二〇二〇年八月時点でオープン、または近日公開予定の拠点は、世界一二〇都市に八〇〇以上ある。他にもイスラエル発で欧米に進出しているMindSpaceや、シンガポール発でアジアに拡がっているJustCoなど、チェーン展開するようなプラットフォームが登場してきた。

もう一つの特徴として、大型の商業・ビジネス施設への併設である。二〇一二年に渋谷ヒカリエにオープンしたMOVや、二〇一九年に渋谷スクランブルスクエアにオープンしたQWSなどがそれにあたるだろう。これらは企業におけるオープン・イノベーション施設と同様に、それぞれの施設におけるオープン・イノベーション施設であり、同時にこれらの大型商業・ビジネス施設自体が、オープン・イノベーションを性格として取り組んだものであることを示している。

大型ショッピングモールにコワーキング・スペースが併設されている例も、多く見ることができる。ショッピングモールにはさまざまなショップや飲食店が入っており、それらがアメニティとして利用できる。また、郊外の大型ショッピングモールでは駐車場も完備されており、託児所なども整備されている。そのため、都心のオフィスに通勤せずにサテライトオフィスとして、またはフリーランスのオフィスとして活用できるというニーズが存在した。

三つ目の特徴として、東京や大阪のような都市部だけではなく、地域にもコワーキング・スペースが増加しつつある。コワーキング・スペースで仕事をしつつ、他業種や地域の人と交流したり、コラボレーションにつながったりするコミュニティの形成が目指されている。これらはその地域におけるコミュニティ・カフェとしての性格を持っていることも多い。

さらに二〇一〇年代後半からは、仕事と休暇を融合した「ワーケーション（第四章で詳述）」のための環境整備の一環として、コワーキング・スペースを設置するところも増えてきている。

ここまで見てきたように、コワーキング・スペースは二〇〇五年ごろから登場し、その後二〇一〇年前後から世界中に拡大していった。この流れは欧米を中心としたフリーランス人口の増加や、モバイルメディア、クラウド技術の進展、Wi-Fi環境の整備などが背景にある。それと同時に、フリーランスだけではなく、クリエイティブ・オフィスやオープン・イノベーションといったコンセプトに基づいて企業、社員も社内外の交流やコラボレーション、コミュニティ形成を期待したことから、コワーキング・スペースは拡大していった。先に述べたWeWorkも、二〇一八年時点でミッションとして次のように掲げている。

「Me」という個人として参加しながらも、より大きな「We」の仲間になれる場所。利益だけでなく、個人の充足感を尺度として成功を定義し直す場所。コミュニティの存在が、私たちに無限のインスピレーションを与えてくれるのです。

「個人の充足感」や「コミュニティ」「無限のインスピレーション」という言葉からも示されているように、**オフィスとしての機能性よりも、そこでのコミュニティや充足感がポイントになっている。**

コワーキング・スペースは都市部でカフェ的に、大型商業・ビジネス施設に、郊外のショッピングモールに、地域に、さまざまな場所に拡大していった。例えば、二〇一八年にはコワーキングサウナをうたう「KOOWORK」がサービスを開始した。ここは、サウナでミーティングをしたり、ダイニングなどで仕事をしたりすることができる施設である。このように都市部・地域でこれまでオフィスでなかった場所も、コワーキング・スペースとしてワークプレイスになっていったのである。

ワーキングスペースの多様化は、オフィスの拡張か、拡散か

オフィス以外で働くイメージとしてよく思い浮かぶのは、スターバックスやルノアールなどでPCを開いて作業している姿ではないだろうか。二〇〇〇年代以降、いわゆる「スタバでMacでドヤる」ことが、当時の「意識高い系」という言葉とあいまって揶揄《やゆ》され始めた。「スタバでMacでドヤる」とは、スターバックス・コーヒーでMacBookを広げ、作業している様子を指している。SNSでは、自分を見せびらかしているだけ、長時間居座ると迷惑など、さまざまなコメントがなされている。

これらは一言で言えば、仕事場でないところで仕事をしている（あるいはしているふりをする）ことを目にしたことへの違和感の表明である。一方で、二〇二〇年七月には、スターバックスと「Think Lab」とが連携した新形態のCircles銀座店がオープンした。そこはウェブミーティング用のブース席やテーブル席と、一人作業のためのソロワーキングスペースとを組み合わせた、ビジネス利用を想定した空間が併設されており、スマホなどから予約できる（図10参照）。

図10 「Circles銀座店」内観（スターバックス・コーヒージャパンの2020年7月29日プレスリリースより）

つまり、スターバックスはサードプレイスをコンセプトに、イタリアのカフェのようにそこでコーヒーを飲んだり、話したりする場所というだけではなく、（一部店舗では）ビジネス用にワークプレイスを提供することを打ち出したのだ。

ルノアールも、通常のCafeルノアールだけではなく、喫茶室ルノアールという別形態がある。喫茶室ルノアールは、あくまで喫茶「室」であり、そこではコーヒーを飲む以外の打ち合わせや作業、読書などの活動が想定されている。一部の店舗には、ビジネスブースも準備されている。

このように、モバイルメディアはサードプレイスとして交流やコミュニティの機能を持っていたカフェにおいて、ひとりで作業することができるワークプレイスとしての風景もつくりだしていったのである。

私たちは「出社」と聞くと、自動的に「（オフィスへの）出社」であり、それが仕事をしていることであると考える。

しかしながら、物理的にオフィスに行ったからといって、何もしなければそれは仕事とは言えないだろう。逆にオフィスに行っていなくても、作業やコミュニケーションを行っているなら仕事をしていると言える。つまり、**オフィスだけが仕事をする場所ではなく、仕事をしている場所がオフィス（ワークプレイス）**なのだ。

スマホやタブレット、モバイルPCなどのモバイルメディアは、こうした流れを促進させた。ケータイやスマホでも、営業先や上司・部下への電話やメールをするといったコミュニケーションは可能であったが、モバイルPCはこれらのコミュニケーションに限らず、書類を書く、企画書を書くといった作業も（セキュリティの課題はあるものの）可能にし、オフィス以外でできる仕事を大きく広げた。言い換えると、**モバイルメディアはワークプレイスの発生装置となった**のである。

ニューオフィス推進協会が二〇〇七年に発行した『クリエイティブ・オフィス・レポート』でも、ワークプレイスは自席からオフィス、さらに都市空間にも広がっていくものと指摘されている。先に見たABWもこうした観点から登場したものであった。その結果、モバイルメディアを使ってオフィス以外で仕事をする風景は、スターバックスやルノアールなどのカフェに限らず、都市のさまざまなところで見られるようになった。

出張の際に、駅や空港などで仕事をしている人を見かけることは多い。ジョン・アーリ（二〇一五）は、これらの空間を「中間空間」と名付けた。「中間空間」とは例えば、駅の待合室や空港のラウンジ、駅ナカ・駅前のカフェなどのように、移動に関連して生じる家や仕事、余暇などの間にある空間を指す。

あるいはマルク・オジェ（二〇一七）は、メディアやコミュニケーション技術によって抽象化された空間を「非場所」と位置づけている。こうした中間空間や非場所は、ワーカーがそこで勝手に仕事をするような「自主的なワークプレイス化」だけではなく、ワークプレイスとしてデザインされ、一つのビジネスとして展開する例も増えてきた。

例えば、東京メトロは富士ゼロックスと協同で、二〇一八年六月から地下鉄駅において個人用の仕事ブースを設置し、サテライトオフィスとして利用する実証実験をスタートさせた。またJR東日本も、二〇一九年よりブース型シェア・オフィス「ステーションワーク（STATION WORK）」のサービスを開始した。「ステーションワーク」は、東京都市部の駅構内で展開している。

「中間空間」「非場所」といった空間だけではなく、移動の空間そのものもワークプレイスになりうる。これまでも新幹線や飛行機などのなかで、モバイルPCを手に作業をしているワーカーは多く見られ、電車や飛行機はそれ自体がワークプレイスにもなっていた。

それに加えて、カーシェアリングもワークプレイスの文脈で見ることができる。近年普及しているカーシェアは、文字通り車をシェアするサービスであるが、車を移動するための手段ではなく、一つの個室として見ると、他の一面が見えてくる。

二〇一八年にNTTドコモが行ったカーシェアについての調査によると、一二・五%が移動以外の目的に使用したことがあるという。そこでは仮眠、友人・家族との電話、仕事上の電話、読書、着替え、荷物置きなどが挙げられた。コロナ禍においても、自宅で仕事をしていると家族がいて静かに作業したり、電話やウェブ会議などで話すのが難しいといった場合、一時的に拡張可能なパーソナルスペース、個室としてのカーシェアのニーズは高いだろう。

実際、二〇二〇年六月には、日産自動車が電車での通勤を避けることによる感染症予防やテレワークのためのスペースとしての利用を見込んで、平日に定額でカーシェアを利用できるサービスを開始した。

都市におけるワークプレイス化は、「中間空間」「非場所」や移動空間だけにとどまらない。カラオケもワークプレイス化によって、新たな展開を見せている。ビッグエコーは二〇一七年より、「オフィスボックス」と呼ばれるサービスを展開していたが、コロナ禍のなかでテレワークでの利用も呼びかけた。他にも二〇二〇年三月からパセラでは「おしごとパセラ」、カラオケの鉄人では「テレワークパスポート」など、名称はさまざまであるが、カラオケを歌う場所ではなく、個室であることを活かしたテレワークのためのワークプレイスとして提供するサービスも展開されるようになった。ホテルも同様に、落ちた客室の稼働率を埋める意味からテレワーク・プランを打ち出している。

このように都市におけるさまざまな場所がワークプレイス化していく流れは、シェアリング・エコノミーの一環としても見ることができる。

ただし、それは空間が単に「つくり変えられる」のではなく、「重ねられて」いると見たほうが正確であろう。これらのサービスや使い方は、その空間をすぐに置き替えたり、他の用途と重ねたりできるように、並行して使用されているのである。

ここで挙げたカラオケやホテルは、都市においてひとりでいられる・いるために利用されていた空間とも言えるだろう。南後由和（二〇一八）は、これらの空間を「ひとり空間」と呼んだ。「ひとり」には、人数としての「一人」と、孤独であるという意味での「独り」とが重ねられている。都市におけるひとり空間とは、一定時間、ひとりの状態が匿名性のもとで確保された空間を指すのである。つまり、ここまで見てきた動きは、**ひとり空間をワークプレイス化していく動き**とも言えるだろう。

「ひとり空間」は車やカラオケ、ホテルなど、いわゆる個室という物理的な場所だけではない。例えば、立ち食いそば屋、大学の学食、図書館などでも、向かいの人と目が合わないように仕切りを設けることによってひとり空間をつくりだしている（図11参照）。

しっかりとした仕切りで、より部屋に近い形のひとり空間をつくっている事例もある。先に挙げたスターバックスの新形態店舗も、ブースや仕切りによってひとり空間をつくっているが、それに先行してラーメン屋の一蘭のようなひとり席もあるし、ネットカフェの「個室」もあくまで物理的な部屋ではなく、仕切りによって成立したひとり空間としての「個室」である（図12参照）。

ひとり空間を成立させる要素として、目線は重要である。他者と目線が合わないようになる、他者からの目線を感じない、ということが、ひとり空間にとってはポイントになる。

古くは藤本憲一（二〇〇二）が、ケータイを時間や空間のパーソナル化を進め、自分だけのテリトリーを発生させる「テリトリー・マシン」として位置づけている。スマホやタブレット、モバイルPCなど、モバイルメディアは自分の視線を画面に集中し、周りの視線を遮る「仕切り」として機能することで、ひとり空間を発生させているのである。

そういった意味では、**モバイルメディアはひとり空間を発生させる装置であり、仕事と結びつくことで都市のあらゆる場所を「ワークプレイス化」していった**のである。

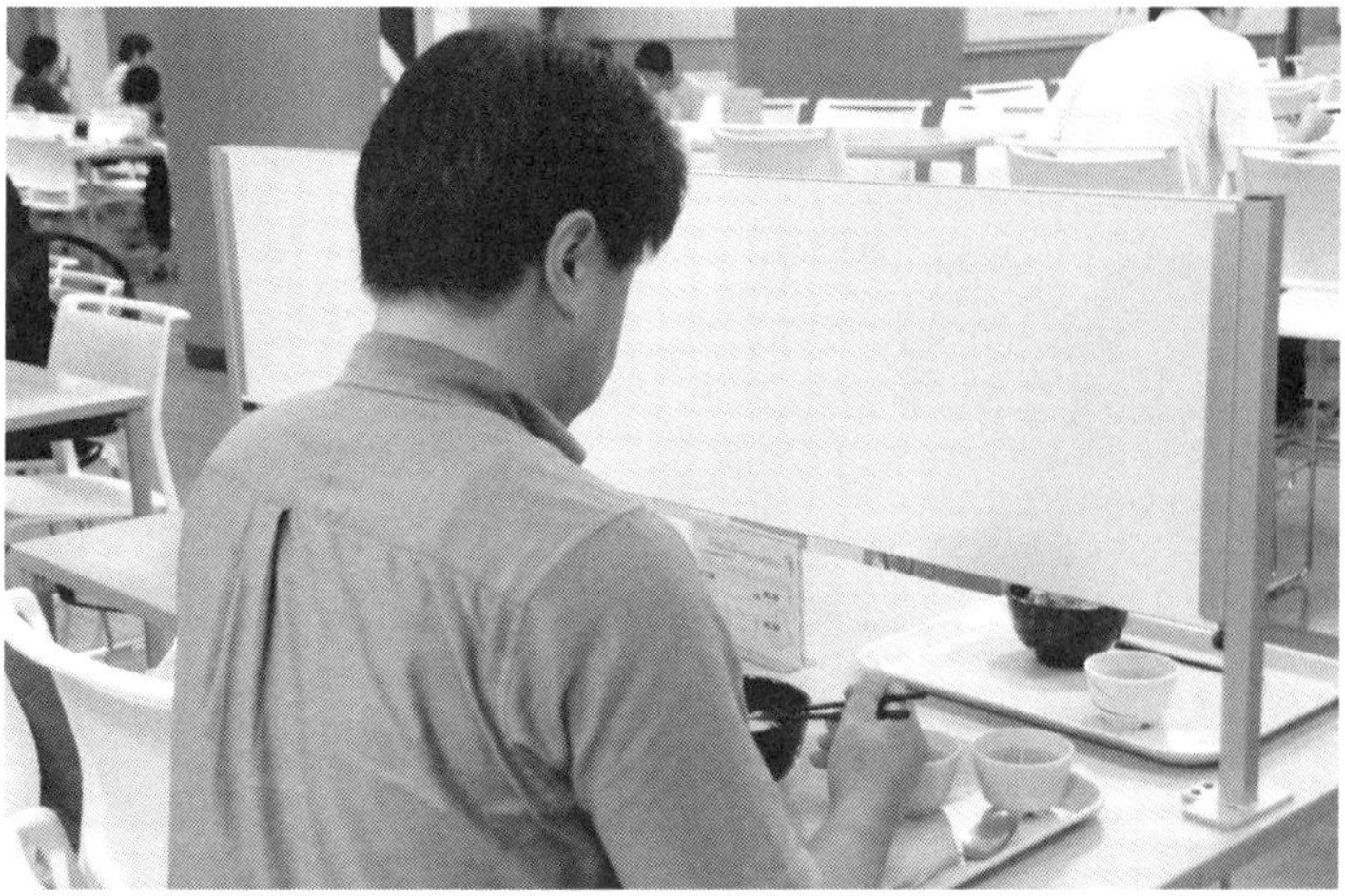

図11　仕切りが設置された学食の例（「Gigazine」2013年9月18日記事より）

図12　仕切りが設置された「一蘭」の座席（一蘭の公式HPより）

コロナ禍以前はひとり空間、あるいはひとりでいることは、特に若者たちの間では「ぼっち」と呼ばれ、避けられるべき行動とも言えた。しかし、コロナ禍によって感染症予防として三密を避けるために、カフェや居酒屋など飲食店をはじめ、図書館や市民ホールといった公共施設でも、個室、あるいは仕切りなど、ひとり空間をつくりだすさまざまなデザインが探られだしている。

ワークプレイスはオフィスだけではなく、コワーキング・スペース、さらに都市空間にも広がってきた。それは駅や空港などの中間空間、車内など移動そのもの、カラオケやカフェなど他目的への転用と整理できる。時間という観点から見ると、電車や飛行機の待ち時間や、通勤中や待ち合わせ、次の予定までのちょっとしたスキマ時間も、仕事の合理化・効率化の目的のもと仕事で埋められていった。このように都市という空間、そして時間が仕事で埋まっていく様子は、都市全体、私たちの生活時間も含めたオフィスの拡大と位置づけることができる。

一方で、コワーキング・スペースなどコミュニティも形成しつつ、作業に適したひとり空間が徐々に広がっていき、またテレワーク、リモートワークが拡大してくると、これらの志向はオフィスが「拡散」していく流れと捉えることもできる。つまり、**オフィスの拡張でもあり、拡散でもあるのが、都市全体のワークプレイス化**なのである。

「井戸」的オフィスから「焚き火」的オフィスへ

ここまで見てきたように、オフィスにコワーキング・スペース的な要素や街の要素を入れた空間ができたり、街のさまざまな場所にコワーキング・スペースやテレワークの拠点が拡大していった。オフィス、コワーキング・スペース、街は、それぞれの要素を取り入れることで、境界は徐々に曖昧になっていった。**都市全体がワークプレイス化していくことによって、オフィスはどこにでもあるとも言えるし、なくなっていったとも言える。**言い換えると、オフィスはさまざまにあるワークプレイスの一つとして、相対化されたということである。

こうしたなかでオフィスは、どのような場所になっていくのだろうか。

二〇二〇年六月に出されたコクヨの働き方の変容に関する報告書「ワーク・トランスフォーメーション（Work Transformation）」によると、テレワーク、リモートワークが広がり、なぜオフィスに行くのかが改めて問われるなかで、センターオフィスの役割には「ここでしかできない体験」「個と組織をつなぐ求心力」「社会性を継続させる場」の三つがあるという。

またグリーンズ（Greens）の植原正太郎は二〇二〇年五月にnoteへの書き込みで、オフィ

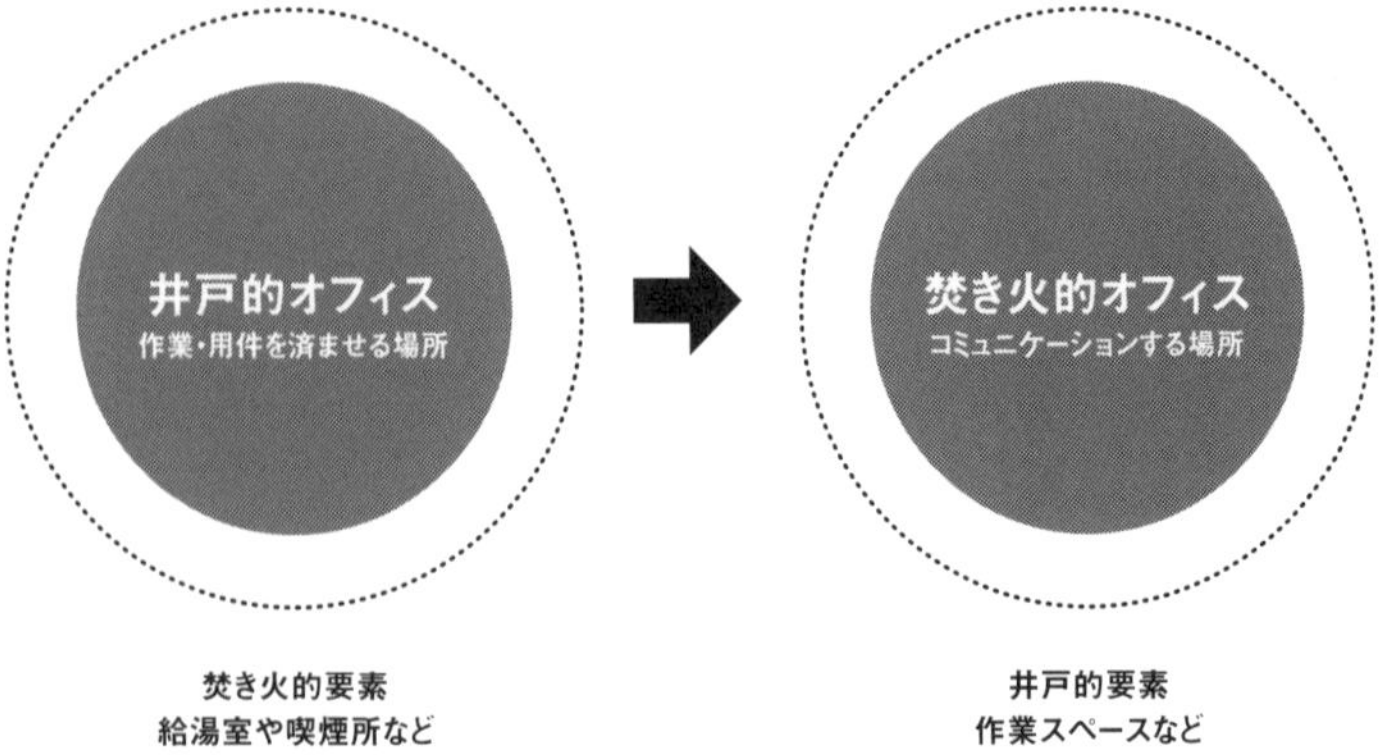

図13　井戸的オフィスと焚き火的オフィス

スとオンラインの今後について相互補完の関係になると予想している。物理的なオフィスは信頼関係の構築やチームワークの向上（＋書類管理など物理的な作業）のための空間であり、一方でオンラインのワークスペースはタスク管理・共有やミーティング、事業の推進のための空間であり、この両者が補完関係となるというものだ。

　テレワークとオフィスとのハイブリッドなワークスタイルが普及してくると、このように作業などの仕事よりも社員同士の信頼関係の構築やチームワークの向上を目的とした場所としてのオフィス（へのニーズ）が、これから増えてくるだろう。こうした変容を例えるなら、**井戸的なオフィスから焚《た》き火的なオフィスへの変容**ということができる（図13参照）。

「井戸的オフィス」とは、井戸に生活のために必要な水を汲《く》みに行くように、オフィスを作業や用件のための場所として利用するというものである。そして、井戸に水を汲みに行くという用件は、繰り返されるたびに「必要だから」という意識が徐々に薄れていき、日常となる。

これまでのオフィスも同様に、私たちがオフィスに行くことは、仕事のためと意識してではなく、いつのまにか当たり前で日常の行為になっていた。井戸はしっかりと水を汲めるかが重要であるように、井戸的オフィスで求められるのは、そこでしっかりと作業ができるかという機能性である。

一方で、「焚き火的オフィス」とは何か。キャンプなどで焚き火をすることを考えてみよう。焚き火は食べ物を調理したり、暖をとったりする機能性だけが求められるわけではない。私たちは焚き火をしながら、それを囲んで話をすることを大切にし、それを誘発するきっかけや環境をつくることに意味を見出しているのではないだろうか。

焚き火的オフィスも、何か用件があってオフィスに行くというよりも、そこで社員同士のコミュニケーションが誘発されたり、関係を深めたりすることが期待される。

デザイナーズオフィスを手掛ける株式会社ヴィスの調査によると、二〇二〇年八月の時点で、自社オフィス環境の見直しを「実施済（実施中）」が一五％、「検討中」が三四・一％と、合わせて約半数にのぼった。緊急事態宣言解除後のオフィスに求めることとして、複数回答のうち「会うことで生まれるコミュニティへの参加意識やつながりを生む場」が六七%、続いて「多様な人が集まることで生まれるイノベーションのための場」が四六%であることからわかるように、対面で会うことの意義、そしてそれによってコミュニティやそこへの参加意識、イノベーションにつながることが求められている。

メディア論の領域では、ケータイ・コミュニケーションについて「インストゥルメンタル（道具的）」と「コンサマトリー（目的的）」という区分が用いられている。つまり、用件を伝えるコミュニケーションは「インストゥルメンタル（道具的）」、用件よりも好きな人と話せるとか、おしゃべりを楽しむというように、コミュニケーションそのものを目的とするものは「コンサマトリー（目的的）」という区分である。

若者たちが、特に用件がなくてもメッセージを延々とやり取りしたり、投稿に「いいね」で反応することに対して、意味のないことをしているという批判もあるが、それは少しピントがずれている。これらの行為はインストゥルメンタルなものではなく、コンサマトリーな行為だからだ。

こういった視点からすると、**井戸的オフィスはインストゥルメンタル、焚き火的オフィスはコンサマトリーな場所**であると位置づけることができる。これからのオフィスは、喫煙所や給湯室、食堂、廊下やエレベーターといったインストゥルメンタルな場所を、使い方によってコンサマトリーなものにするのではなく、最初からコンサマトリーな場所を設計するという志向がより強くなるだろう。ただし、コンサマトリーな要素が重要だからといって、それを社員やメンバーに強制すると、圧力、疲れにもなるので、そのバランスをどうするかは課題になる。

もちろん、井戸端会議という言葉のように、「井戸」であっても水を汲む以外のことを楽しんでいたり、焚き火であってもそこで肉や魚を焼くといった「用」をすることもある。井戸的オフィスにも、メインの目的ではないものの焚き火的要素はあった。テレワークやリモートワークが広がるなか、喫煙所や給湯室、食堂、廊下やエレベーターなどでの偶然の出会いや会話を懐かしがったりするのは、こうしたことの表れとも言える。

また、焚き火的オフィスにおいても、書類・資料の保管や特殊な機械、ソフトウェアを利用するといった機能を果たすための井戸的要素は必要になってくる。

コロナ禍以前にもオンラインを前提とした会社では、定期的なオフラインでのミーティングや集まりを重視しているところもあった。例えば、国内・海外に社員が散っているヌーラボ（nulab）は、ジェネラル・ミーティング（General Meeting）を行っている。このイベントは、あえてオフラインで社員を一堂に集め、さまざまな活動を行う。社員同士のこれまで／これからのオンライン・コミュニケーションを意味づけるための「ハレ」としてのオフラインを非常に意識した経験デザインだと言えるだろう。

ヌーラボは、そもそもクラウドサービスを開発している会社であり、プログラマーなど場所を選ばない働き方をしやすい職種が多く、テレワーク、リモートワークに慣れている。しかし、そうでない業界、職種でも多くの人が、コロナ禍で一定期間テレワーク、リモートワークを否応なく経験するなかでわかってきたこともある。

作業や一定のミーティングはオンラインで十分代替可能であるし、むしろそちらのほうが効率的に進められることも多いが、偶然や余白による人間関係構築やコミュニケーションは、さまざまな工夫がなされていながらも、テレワーク、リモートワークで実現するには、まだまだ難しい部分が多いことだ。このように焚き火的要素は、あえてオフィスに対面で集まる意味の一つになっていくだろう。

「モニュメント」化していくオフィス

私たちがオフィスという場所からイメージしてきたのは、毎日全員が出社するというワークスタイルである。毎日長時間過ごす空間だから、より快適に過ごしたい。オフィスの改善も、基本的にはこのような視点からなされてきた。

こうしたワークスタイルは、もちろん完全になくなりはしないが、今までのように絶対的な前提ではなくなっていくことは十分に考えられる。少なくともコロナ禍において一定期間、それが可能であること、メリットもあることを私たちは経験したのである。

一方で、たまたま誰かに会う、見かけるといったセレンディピティや焚き火的要素については、テレワーク、リモートワークではまだ十分に代替できておらず、物理的に同じ空間において対面することは、その点で非常にパワフルであったと実感しているのではないだろうか。

二〇二〇年に新たに入社した社員のなかには、テレワーク、リモートワークが続いてほとんど出社しておらず、自分がその会社の一員であるという意識が持ちにくい人がいるという。その意味では、焚き火的要素に加え、自分がそこに所属しているというメンバーシップや、その企業、組織が何を大切にしているのか、どのような文化、風土なのか、といったことまで感じられることが、これからオフィスという物理的な空間に求められるし、物理的な空間だからこそ有効に発揮できるところであろう。

つまり、**その企業の価値観や文化を象徴するモニュメントとしてのオフィスが、今後は必要になってくる。逆に言えば、物理的なオフィスは、モニュメントとして機能することが重要になってくる。**

もちろん、これまでもオフィスにモニュメントの要素がなかったわけではない。クリエイティブ・オフィスの流れのなかで、その企業の価値観や文化を反映したオフィスデザインが探られ、実践されてきた。

しかし、テレワーク、リモートワークの割合が増え、オフィスは毎日行くわけではない、行く必要性が低い空間になったことで、モニュメントの機能はこれまで以上に意図して設計される必要がある。教会やモスク、神社などの宗教施設は、熱心な信者を除いて毎日行くわけではないが、定期的に訪れることでその宗教の思想や文化、歴史が感じられる空間としてデザインされている。こうした宗教施設というメタファーも今後、オフィスデザインにおいて参考になるだろう。

「サードプレイス」の要素まで入り混じる空間に

ここまでオフィス、コワーキング・スペース、都市空間とワークプレイスが広がってきた様子を見てきた。そのなかでよく参照される概念が、サードプレイスである。二〇〇〇年代以降、クリエイティブ・オフィスやコワーキング・スペースが登場するなかで、コミュニティの要素が注目され、ワークプレイスとサードプレイスとを結びつける流れが出てきた。

それでは、サードプレイスとはどのような場所か、簡潔にではあるが確認しておこう。ファーストプレイスとしての家、セカンドプレイスとしての職場（オフィス）に対し、そのどちらでもないカフェや居酒屋などがサードプレイスにあたる。レイ・オルデンバーグ（二〇一三）によると、**サードプレイスは「とびきり居心地よい場所」で、そこは家でも職場でもないひとりの個人となれる、地域のコミュニティの核となりうる場所**である。

そのため、誰もがアクセスできる開かれた場所であること、活発なコミュニケーションがあり、新参者と常連とが良いバランスにあることなどがポイントになる。別の言い方をすると、社会関係資本（ソーシャルキャピタル）が蓄積される場所であるとも言えるだろう。

前述したコクヨの報告書では、本来の働く場所であるオフィスに加えて、カフェやコワーキング・スペースなどのサードプレイスがワークプレイスとして注目され、さらにコロナ禍でテレワーク、リモートワークが広がるなかで、家、職場、サードプレイスの三つの場所に、ホームオフィス（一・五の場所）を加えた四つのワークプレイスが入り混じる状況にあると指摘している。

実際に、二〇二〇年四月に発表されたオカムラによる在宅勤務の調査によると、在宅勤務を行っている空間は、「リビングやダイニングの一角を仕事用に設えて働く」が約四五％、「書斎や寝室など個室にこもって働く」が約三二％で大半を占めた。

これを受け、ホームオフィスを最初から組み込んだ住宅設計も、今後は増えてくると予想される。さらにマンションなどでは、自宅内の仕事部屋ではなく、共用施設としてコワーキング・スペースを設置するところも増えてきた。ここは自宅では難しい個人スペースや、広い机やウェブ会議ブースなどを備えたサテライトオフィスとして活用することができる。こうしたニーズは、テレワーク、リモートワークが広がるなかで高まっていくだろう。

都市研究者の泉山塁威は、コロナ禍でのＷＦＨや外出自粛、休業要請によって、サードプレイスが一時的ではあるが失われたと指摘する。そのなかで、私たちはそれまで寝るために帰っていただけのファーストプレイスとしての自宅を、セカンドプレイス（職場）やサードプレイスとして快適に過ごせるように工夫をこらすようになった。実際に、ベランダに椅子やテーブルを置いて快適にくつろげるように改装したり、室内にテントを張ったりするなど、「おうち時間」を快適にする工夫が多く見られた。

一方で、オンラインによるさまざまなサービスやメディアがミックスされた空間は、フォースプレイスとも言えるが、それはサードプレイスの経験を拡張するだけではなく、テレワーク、リモートワークをする空間としても捉えられるようになった。すなわち、**ファーストプレ**

イスとフォースプレイスに、セカンドプレイス、サードプレイスが融合し始めているというのが泉山塁威の指摘である。

このようにコロナ禍によって、家（ファーストプレイス）に職場（セカンドプレイス）やサードプレイス要素を入れ始めたり、モニュメントオフィスや焚き火的オフィスに見られるように、セカンドプレイスにサードプレイス要素を取り入れるようになったりと、従来の三つの空間区分に必ずしも分類されない空間、場所が増えてきている。

すなわち私たちは知らず知らずのうちに、モバイルメディアがもたらした「重ねる」という世界観を反映させながら空間をつくり、活動しているのである。

「PBW」から「SBW」への働き方の変化

この章では、オフィスの改善やコワーキング・スペース、都市へのオフィスの拡張、拡散からコロナ禍でのテレワーク、リモートワークや、それを経ての焚き火的オフィス、モニュメントオフィス、ホームオフィスといった流れを見てきた。それは一言で言えば、**PBWからSB**

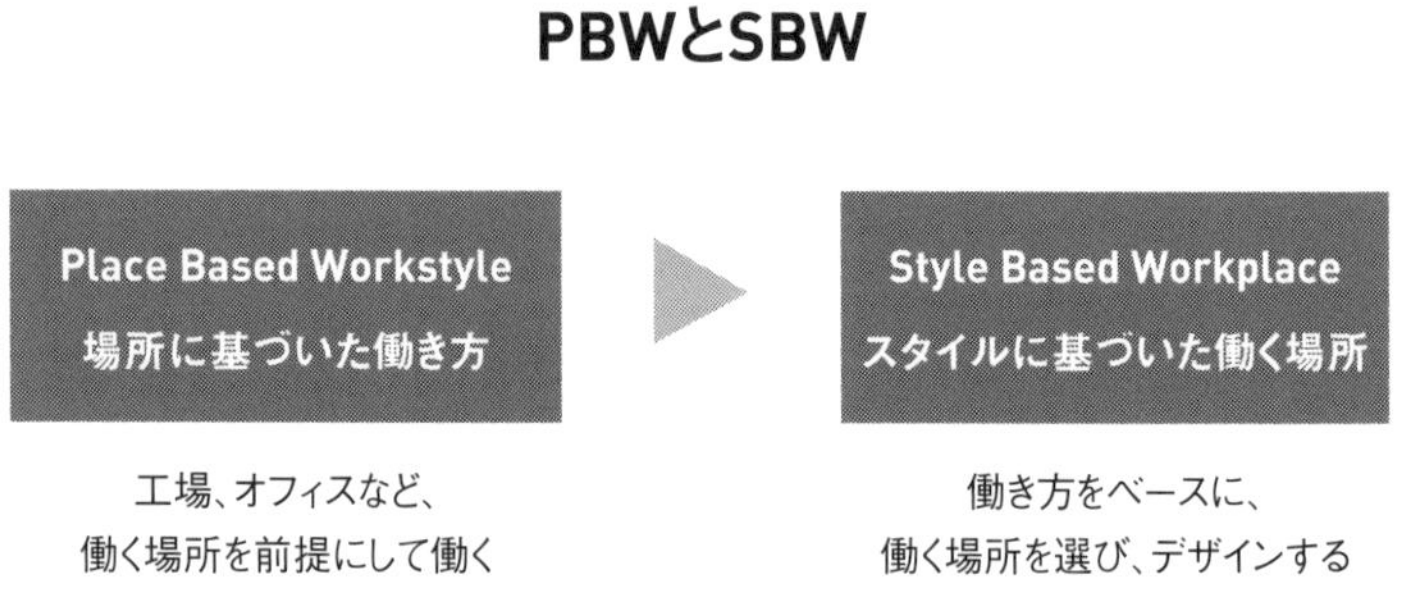
PBWとSBW
Place Based Workstyle
場所に基づいた働き方
Style Based Workplace
スタイルに基づいた働く場所
工場、オフィスなど、
働く場所を前提にして働く
働き方をベースに、
働く場所を選び、デザインする

図14　PBWとSBW

Wへの変化である（図14参照）。

一八世紀以降の工場やオフィスなどが持つ空間的な特性は、私たちの働き方を規定していた。机やフロアの配置のような空間による管理であり、それには就業時間や通勤、そのためのタイムカードなど、時間による管理も含まれる。

こうした働く場所によって規定されていた働き方は、「PBW（Place Based Workstyle）」と呼ぶことができる。オフィスの改善は、オフィスをより快適に、機能的にしていく。すなわち、環境を整備していくことで、そこで期待される働き方を誘発するという発想であった。オフィスデザインやファシリティ・マネジメントと呼ばれるこれらの領域は、今後も一定の役割を果たしていくことになるだろう。

一方で、この章で見てきたように、モバイルメディアが登場、普及していくなかで、モバイルメディアがワークプレイスの発生装置となり、私たちは働き方によって場所をその都度生成したり、つくり変えたりすることが可能になった。

つまり、デザイナーや建築家によるオフィスデザインが、私たちの働き方を規定しているのと同時に、意図的ではないにせよ、働いている私たち自身もワークプレイスをデザインするようになったのである。

コロナ禍以前から活動に適した働く場所を選び、つくっていくABWは、徐々に広まりを見せていたが、コロナ禍によるテレワーク、リモートワークによるWFHは、こうした流れに拍車をかけた。

私たちはオフィスで働くことを必ずしも前提としなくなり、オフィスはワークプレイスの一つとして相対化されるようになる。また、それまでワークプレイスとしてあまり意識されてこなかった家(ファーストプレイス)も、ワークプレイスの一つとして整備する必要性が高まった。

このように働き方に合わせて生成される働く場所を、「SBW(Style Based Workplace)」と呼ぶことができる。ここで言うスタイルとは、仕事に含まれる活動だけではなく、より広くそれと関連した日常生活も含んでいる。デザイナーや建築家、総務部などのオフィスをどうするかに直接関係していた人や部署だけではなく、**私たち一人ひとりがどのような環境で働くのか、それをどのようにつくるのかに関与できる／せざるをえないようになった**のである。

アフターコロナのワークプレイスを考えるためには、私たちがどのようなワークスタイルをするようになったのか、そこにはどのような変容や課題があるのか、を理解しておく必要がある。次の章では、私たちのワークスタイルについて見ていこう。

CHAPTER 3

「通勤」と「会議」に意義はあるのか？

無駄な通勤にあった「潜在的な機能」

コロナ禍が変えたワークスタイルの一つとして、通勤がある。それまで首都圏では、長い時間をかけて満員電車で通勤し、台風や事故でほぼ毎日どこかの路線が遅れていた。このような通勤風景は、WFHになって大幅に緩和された後、緊急事態宣言解除後はまた徐々に戻ってきている。ただ、私たちはなぜ今まで通勤を当たり前だと思っていたのだろうか、という疑問はなくならない。

イアン・ゲートリー(二〇一六)によると、通勤は一九世紀のイギリスにおいて、鉄道が発展・普及してきたなかで登場したものであるという。当時の労働者は、都市部で仕事をしつつ、住居は家賃の安い郊外にあった。あるいは比較的裕福な人たちは、田園都市など、都心部の環境の悪さを避けるために自然豊かな郊外へと移り住んでいた。

郊外と都市部を結ぶ通勤は、このような背景から登場した。通勤によって私たちは住居と職場(オフィス)という二つの場所を往復する生活を、「ノーマル」として捉えるようになったのである。確かに通勤は、私たちにさまざまな「コスト」や「リスク」を強いる。台風や事故で電車が遅れる、満員電車となると体力も消耗するし、痴漢も社会問題となっている。

しかし、通勤は必ずしも悪いことばかりではない。家と職場とでモードを切り替えることによって気分が変わるし、職場では家とは異なる人間関係があり、家の周辺では見かけないものを見たりできるなど、刺激となることもある。

イアン・ゲートリー（二〇一六）は、通勤が自宅と職場とを別の空間として切り分けたことで、それぞれにおける人間関係の構築や振る舞いをするようになったことは、近代的な個人の形成にも寄与したと指摘している。本書の関心からすると、**通勤は私たちのワークスタイルを形成してきた**、ということになる。

電車やバスなどの公共交通機関での密集を避けるために、近年では自転車通勤も注目されつつある。確かに自転車であれば、感染症予防として密集状態にならないで済む。電車を待っている時間や乗り換え時間などを考えると、電車とあまり変わらない時間でオフィスに到着することができる人も一定数いるであろう。二〇二〇年七月にａｕ損害保険は、東京都の自転車通勤者に対して行った調査結果を発表した。回答者の二三％は、新型コロナウイルスが流行した後に新たに自転車通勤を始めたという。また回答者の三二％が、勤務先から自転車通勤を推奨するアナウンスがあったと回答している。

自転車通勤がより広がっていくためには、会社が認め、制度を整えることはもちろんであるが、自転車専用レーンや駐輪場、シャワーなどの設備・環境を整えていくことも必要である。そうすることで、健康面で今までは一駅前で降りて歩くことがダイエットや運動として奨励されていたが、自転車で運動しているために必要なくなるかもしれないし、ジムに通う必要もなくなるかもしれない。

住むところも、今までは駅から徒歩何分であるかが住宅・家賃相場に影響していたが、駅から遠くても自転車道が整備されているなら、そちらを優先する人が出てくるかもしれない。例えば、ロンドンでは二〇一二年のオリンピックをきっかけに自転車移動が奨励され、「サイクル・スーパーハイウェイ」が整備されたり、自転車購入に際して支援が行われるなど、環境が整備されてきた成果として、二〇〇〇年と比較すると自転車利用者は倍以上になったという。

また、日本ではあまり感じることはないかもしれないが、CO_2排出量減少などによる自然環境改善にも効果がある。実際に、世界のさまざまな都市でコロナ禍による外出自粛がなされたことで、自動車利用が減り、一時的にではあるが大気汚染が劇的に改善した事例がニュースになった。脱炭素化社会にも貢献するだろう。

このように考えると、この先もワークプレイスへ移動するという通勤自体はなくならないにしても、**全員がオフィスへ電車で一斉に、という通勤スタイルは変容する可能性があるし、少なくとも見直されるだろう。**

職住近接を支援する動きも活性化すると考えられる。コロナ禍以前からも、こうした動きは徐々に出始めていた。例えば、サイバーエージェントは以前から、「2駅ルール」としてオフィスがある渋谷から二駅圏内に住んでいる正社員に対して、月三万円を支給している（ただし勤続五年以上になると、どこに住んでいても五万円が支給される「どこでもルール」になる）。

スマートフォングッズ販売やネットショップ支援システム開発などを手掛けるHameeは、二〇二〇年五月から本社のある小田原周辺に住む社員に対して、月に二万円の「小田原手当」を支給している。コロナ禍で九割の社員が在宅勤務であった同社は、オフィスでのコミュニケーションを活性化させると同時に、小田原の活性化も目指して制度を設定したという。

これらは実質的には家賃補助、住宅手当であるが、それに「2駅ルール」「小田原手当」といった名称をつけることで、職住近接によるメリットだけではなく、渋谷や小田原といった地域へのこだわりがあるというメッセージ性が付与されている。こうした流れが、テレワーク、リモートワークをしやすいＩＴ企業で目立っていることは、逆説的で興味深い。

電車を使うのは通勤だけではない。得意先や営業先、打ち合わせへの移動も電車で行われることは多い。電車での移動中に、営業先はどんな会社であるとか、打ち合わせのポイントなどを自分のなかで整理したり、同行している上司や部下と話したりできていた。終了後には、またオフィスへと戻る電車のなかで、さっきの商談のどこがまずかったのか、今後の対応や社内でどのように動くべきかといった振り返りも行っていただろう。このように**用件の前後に移動という「余白」が挟まることによって、準備や共有、振り返りができていた。**

ただし、これが明らかになったのは、コロナ禍で電車での移動がなくなったからこそでもある。上司と部下、営業先の社員とでオンライン打ち合わせをすることを思い浮かべてみよう。おそらく上司と部下、営業先の社員、どちらも打ち合わせ開始の直前にオンラインにする。そして打ち合わせが終われば、それぞれ画面をオフにするだろう。こうすれば確かに移動にかける時間は必要なく、天候なども関係がないので合理的、効率的である。一日で打ち合わせすることのできる件数も、電車で移動していたときよりも大幅に増えるだろう。

しかし、先にも述べたように、事前に打ち合わせをしたり、状況を共有したり、今の商談の何が良くて何が悪かったかのフィードバックや振り返りができないため、社員の学びや成長という意味では以前よりも劣っている可能性もある。また、営業先の社員との始まる前や終わった後での何気ない雑談などによって形成される、インフォーマルな人間関係や気づきも少なくなるかもしれない。

もちろん、最初からこうした行動をするために電車で移動していたわけではないが、移動という余白がそれらの行為や成果を結果的に生み出していたのである。言い換えると、移動をすることで商談や打ち合わせ、社員の学びや成長がうまくいくわけではないが、それらを支えていた要素は、一見無駄に見えた移動という行為にあったのである。

このように意図はしていないものの、結果的にそのように働く機能を社会学では「潜在的な機能（Latent Function）」と呼ぶ。先に見た通勤を通じて近代的自己が確立されたということも、通勤の「潜在的な機能」だ。

コロナ禍において「潜在的な機能」が明らかになってくると、今度はそれを意図的に組み込んでいくことが必要になってくる。オンラインでの営業の前に一〇分早めにオンラインにし、少し情報、状況を共有してから客を迎えるようにするとか、終了後にすぐにオフにするのではなく、一〇分ほど担当者だけで振り返りやフィードバックを行うなどの工夫が重要になってくるだろう。

考えてみればそれほど高度なことではなく、ちょっとした工夫なのだが、私たちのこれまでのワークスタイルにあった「潜在的な機能」を丁寧に拾い上げていくことができなければ、難しい作業になる。このように、**オンライン化で明示的な効率化を図りつつ、オフラインにあった潜在的な機能を意図的に取り込んでいくことこそが、仕事や業務のリモート最適化で重要な作業になってくる**だろう。これは移動だけではなく会議も同様である。

「オンライン会議」によって会議は減らせるのか

仕事に欠かせないもの、そしてコロナ禍で大きく変わったものとして会議がある。会議は仕事を進めるうえで、重要であると同時に嫌われてもいる。仕事の効率化を図るために、短縮したり、削減すべきものとして、まず名前が挙がってくるのも会議である。

ここでは、これから会議はどのように位置づけられていくのか、会議をオンラインでやるとどうなるのか、の二つの視点から考えていきたい。

まず、会議はどのように位置づけられてきたのか。会議は部署内、部署をまたいで、全体でなど、さまざまな単位で行われ、みんなの情報を共有したり、意見を集約したり、アイデアを出したり、合意を取っていったりなど、その目的や形態はさまざまであるが、対面で集まって行われることが基本にあった。

越川慎司（二〇二〇）によると、七五〇〇人を対象にしたアンケートで、八七％の回答者が「社内会議を改善すべき」と答えたという。つまり、ほとんどの人は会議はコストであり、改善すべきだと考えている。

しかし、みんなが減らそうとしているのにもかかわらず、会議は減らないどころか増えることもある。会議を減らすための会議が新たにできる、という笑えない話もある。この会議にまつわる問題は、なぜ生じるのか。

シンプルに言えば、**「せっかくだから」みんなに集まってもらうことを、みんながいた場所で共有した／決まったという「アリバイ」を求めることが原因**である。しかも、会議の目的は基本的には「善意」でできているので、反対しにくい。決めない会議は良くないとはよく言われるが、情報共有が悪いことかと言われると、必ずしもそうとは言えなくなってしまう。

しかし、会議を呼びかける人はともかく、何を決めるわけでもなく単に顔を合わせる、情報を共有するだけなら、わざわざ集まってすることもなく、メールなどで十分だと思っている人は多いだろう。

さらに近年では、1on1ミーティングのように、上司と部下で短時間ながら定期的に行う形式も増えてきつつある。1on1ミーティングはヤフー・ジャパンが二〇一二年から始めた制度で、三〇分という短時間ながら、一週間に一度の高い頻度で行うものである。部下からすると、上司としっかりとコミュニケーションを取れて、メンバーとして認められていると思え、自分の仕事やキャリアについて内省できるなど、人材育成上のメリットは大きい。

ただ、会うこと、話すことを含めて大小、長短の会議が非常に多くなってくると、いくつもの会議を渡り歩いているうちに一日の大半が過ぎていくという人も多いのではないだろうか。また、会議が多くなるにつれ、オフィスでみんなの都合の良い、すなわち混み合う時間には会議室を確保するのに苦労するという経験をした人も少なくないだろう。

会議のための連絡や調整、資料作成なども含めると、会議にかけるコストは非常に高いものになる。私たちは仕事を効率的、合理的に進めるために会議をするのではなく、会議のために仕事をしているのではないかと錯覚しかねない。

ウェブ会議はこれまでも技術的には可能であったが、顔を見ないと雰囲気や空気がわからない、うまくコミュニケーションを取ることができない、回線状況が悪いなどの不安から、それほど広まっていなかった。

しかし、コロナ禍でテレワーク、リモートワークが広まるにつれ、会議もオンラインで行わざるをえなくなった。では、オンライン環境になったら会議の数はどうなったのか。

二〇二〇年四月に発表されたオカムラによる在宅勤務の調査によると、在宅勤務が会議回数に与えた影響として、緊急事態宣言前は「非常に増加した」が一％弱、「若干増加した」が約一〇％であったが、緊急事態宣言以降は「非常に増加した」が約七・七％、「若干増加した」が約二五％となっていた。

コロナ禍初期はウェブ会議システムがまだ導入されていなかったり、その運用をどうするかなどが決まっていなかったりで、会議の数が減っていたが、徐々に浸透してくると、短い時間でも設定できる、移動時間や会議室の予約などを考慮しなくてもよいといったことから、会議の数が増えていったと考えられる。

こうした経験をしてしまうと、緊急事態宣言が解除され、徐々に移動にも寛容になってきたとしても、これらのツールをやめて対面に戻すにはそれなりに理由が必要となってくる。つまり**オンラインではなく対面で集まる意義、あるいは効率性が改めて問われる。**

オンラインでの会議で情報共有が目的であれば、顔が画面に映っていなくてもよいのか。合意が目的であれば、逆に顔が映っていないと難しいのか。あるいは対面の会議で全員が揃っていることが重要なのであれば、それはオンラインで代替できないのか。対面で集まることのコストをかけて行うべき案件なのか。このように会議の形式が選択できるなかで、会議の目的や機能などが改めて問われることになる。

そして、それはそのまま**企業におけるワークスタイルや仕事、組織のあり方に対する価値観を表すもの**になる。

会議単位で見ると、オンラインか対面での二者択一だけではなく、それらを併せたハイブリッド方式もある。あるグループは対面で集まって、そこからオンラインで他の場所につなげるだとか、チームで一名はオンラインで行うといった場合である。

ただし、先ほどのオカムラの調査によると、ハイブリッド方式では会議目的の達成が「できた」が約五四％で、対面（約六九％）、オンライン（約六八％）よりも低かった。今後、テレワーク、リモートワークが浸透していくにしたがって、ハイブリッド方式での会議の進め方や合意の仕方などについて検討が必要になってくる。

もっとも会議は、目的達成のコミュニケーションというばかりではない。潜在的な機能として、会議の前後でのインフォーマルなコミュニケーションも行われ、それが情報のセレンディピティや人間関係の形成につながっている面もある。

会議がオンライン化することによって、インフォーマル・コミュニケーションについてはどうなったのか。緊急事態宣言前では「非常に減った」が約三五％、「若干減った」が約三二％と、合わせて約七割の回答者が減少したと答えている。逆に「非常に増えた」「若干増えた」は合わせて一〇％ほどであった。それが緊急事態宣言以降は「非常に減った」はほとんど変わっていないが、「非常に増えた」が約一六％、「若干増えた」が約一七％と大きく増加している。

これは緊急事態宣言以降、自宅での活動自粛が要請され、社内外でオンラインでの仕事、コミュニケーションが浸透したことによるものだと考えられる。コミュニケーション手段の変化として減ったものは、電話（緊急事態宣言前は約三一％、宣言後は約六〇％）と、電子メール

（緊急事態宣言前は約一九％、宣言後は約三六％）であった。電話はＺＯＯＭなどのウェブ会議用のツールに、電子メールはSlackなどのチャットツールに、インフォーマルなコミュニケーションを含めて吸収されていったと考えられる。

このようになると、電話や電子メールであえてコミュニケーションを取る意味が新たに生まれてくるだろう。

電話はＺＯＯＭとは異なり顔が見えないし、画面を共有することもできない、声のみのコミュニケーションを行うメディアである。テレビが出てきたことによってラジオが新たな意味を獲得したように、テレビ的とも言えるＺＯＯＭが登場してきたことによって、電話は声のメディアとして、画面を占有しないコミュニケーション手段といった価値を得るかもしれない。

Slackなどのチャットは、「フロー」のメディアで話題が流れていきがちなために、情報を蓄積しておくこと、探すことには向いていない。電子メールはそういった意味で、コミュニケーションの蓄積・検索ができる「文書」のようなメディアになるかもしれない。

新しいメディアが登場し、普及していくことは、「古いメディア」の退場を促すだけではなく、むしろそれらに新たな意味を付与したり、創造するための機会でもあるのだ。

オンライン・コミュニケーションで生じる「モヤモヤ」の正体

コロナ禍で多くの会議や打ち合わせがオンラインで代替されるようになったが、そこでの集まり方やコミュニケーションに対して、違和感を持っている人も多いだろう。プライベートであれば、違和感を覚えるなら使わなければよいだけだが、仕事となるとそうはいかなくなる。例えば、会議の参加者がずっとビデオをオフにしている状況を考えてみよう。これは、自分はなんとなくやってしまうけれども、自分がされるとモヤモヤしてしまうという人も多いのではないだろうか。

本来は、話を聞いているのであれば、ビデオオンかどうかは問題ではないはずである。電話だと考えれば、オフでもよいはずだが、打ち合わせと考えると顔が見えていないのは違和感を覚える。

一方で、通信環境が悪いときなどはビデオオフが合理的であったりもする。自分は相手の顔を見ていたいが、見られるのはイヤだという心理なのか。ビデオオンにすると、自分の顔が自分で見えてしまうからイヤなのか。こうした違和感を、私たちはまだうまく言語化できていない。このように、オンラインのコミュニケーションについて、私たちはどこに違和感を覚えているのか、その違和感はどこから来ているのか。

結論から言えば、**ウェブ会議で私たちが抱く違和感は、「画面から見られること」「画面に語りかけること」から生じている。**私たちは、家やオフィス、電車内、布団のなかにいたるまで、かなり長時間、スマホやＰＣのスクリーンを見ている。若者においては、それはテレビを見る時間をはるかに上回っている。

このように「見る」ことは長時間に及んでも、「見られる」という経験はアナウンサーや俳優、アーティスト、政治家などを除いてほとんどといっていいほどなかった。

近年モバイルメディア、ソーシャルメディアの発展とともに動画を撮影したり、配信したりすることが容易になって、写真や動画などで「見られる」ことは増えていったが、その比率は全体からするとまだ高くはない。

「画面に語りかけること」も同様である。私たちは人に向かって話すことはあった。しかし、メディアに向かってはどうだったか。テレビ番組の収録ではカメラに向かっているが、多くの人が経験することではないし、カメラに相手が映っているわけでもない。電話では相互に語るものの、それは声に限られる。モバイルメディア、ソーシャルメディアに関しても同様で、ユーチューバーなども相手を見ながら話しているわけではない。

このように私たちは、テレビや映画からモバイルメディア、ソーシャルメディアにいたるまで、画面を見ることには慣れていても、画面の向こうから自分が見られる経験、そして自分が画面に向かって語りかける経験は圧倒的に乏しい。ウェブ会議では、相手は見えていても対面ではない、対面ではないけれど電話ではない。対面、テレビ、電話、ソーシャルメディアのどれでもないのに、どれかに当てはめて考えてしまうことによって、違和感が生じているのである。

このような違和感を、インターフェイスによって改善しようという動きもある。二〇二〇年七月、マイクロソフトのオンライン会議システムTeamsに、新機能として「トゥギャザーモード」が実装された。参加者の画面だけが並ぶのではなく、会議室や教室にいるように表示できるというものである（図15参照）。

これ以外にも少人数向けのカフェモードなど、さまざまなモードが実装されていくことが発表されている。自分の映っている画面にバーチャル背景を設定するのは、ＺＯＯＭなどさまざまなウェブ会議システムに実装されている機能だが、参加者が並んでいるだけではまだ違和感のある人も多いだろう。

このようにオンライン会議の会議室、あるいはオンライン授業の教室などを一つの背景として、違和感をなくしていくアップデートは今後も展開されるだろう。

図15　Teamsの「トゥギャザーモード」画面の例（Teams公式HPより）

「1対1」「1対n」のオンライン・コミュニケーションで違和感がないようにどうデザインするのかについては、実際の空気感を除けば、対面の際に自分が見ている風景に近づけることで緩和される部分もある。しかし、「n対n」パターンをどうデザインすればよいのかについては、試行錯誤が続いていくだろう。

例えば、グループワークをともなうワークショップでは、参加者もファシリテーターも、グループへの発言とまではいかない何気ない言葉を拾えたり、他のグループの声が聞こえ、どのように盛り上がっているかが感じられる。

これをオンラインで再現するインターフェイスは、今後も探られていくだろう。それと同時に、チャットを併用したり、それらをリアルタイムで収集して分析しながら参加者にフィードバックするなど、ツールの使い方や運用によってこれまでできなかったやり方を見出されていくだろう。

二〇二〇年六月にネット上では、「日本企業がZOOM会議について、部長や役員を大きく表示したり、上座に表示できませんか、とコンサルに相談した話」がネタ的に盛り上がった。真偽はともかく、これは非常に興味深くて、さもありなんな話である。

これまでそうだったから、ZOOM会議でも再現したい、と思うのかもしれないが、物理的に上司が大きいとか、上に立っているわけではない。あくまでそのような権力構造や秩序、システム（にしたいという欲求）であって、それを可視化したがっているものと言える。

これまでも組織図を示す机の配置などで物理的に可視化していたものが、オンラインのデザインやアーキテクチャにも組み込まれていくことは十分に考えられる。実際に二〇二〇年九月のZOOMのアップデートでは、これまで人によってバラバラであった画面の表示順序をカスタムで固定できる新機能が追加された。

セミナーなどでは話す人や司会者、ゲストが固定されていると便利であるが、「ZOOM上座」として、会議で上司や重役をどの順番で表示させるかといった「マナー問題」に発展するのでは、という声もSNS上では見られた。

これまでも、名刺の渡し方やハンコの向きを上司に向かってお辞儀しているようにするといった（ネタ的なものも含めた）「ビジネスマナー」は、非生産的であると揶揄されてきた。テレワーク、リモートワークにおいても、スーツを着ること、上司より先にオフにしないことが「マナー」であると、SNS上でネタや大喜利、うわさ話的に取り上げられることもあるだろう。

こうした「マナー」は、確かにネタ的ではあるが、それへの反応も含めて新しいワークスタイルに適応する際に生じる不安や、これまでのワークスタイルからの変容への期待が込められているものと捉えることができる。

「飲みニケーション」は消えていくのか

先に会議におけるインフォーマル・コミュニケーションの減少について述べた。また前章では、今後のオフィスのあり方として焚き火的オフィスを紹介したが、そこでも重視されているのはインフォーマル・コミュニケーションをどのように意図的に組み込むかということであった。

このようにインフォーマル・コミュニケーションは、人間関係の形成、組織文化をつくっていくうえで重視されている。インフォーマル・コミュニケーションの機会として、私たちにとってこれまで身近であったのは、「飲みニケーション」ではないだろうか。

飲みニケーションは、部署のメンバーや同期が居酒屋などに集まって一緒に酒を飲むことで、会社では言えない本音を言えたり、情報を交換したりしながら結束や親睦を深めるものである。上司と部下が一対一で悩み相談をすることもある。**飲みニケーションは、社会でのインフォーマル・コミュニケーションの重要な場**として機能していた。しかし、近年ではさまざまな問題も指摘されている。

「飲み」という言葉が示すように、アルコールを前提としているために、酒に弱い人への「アルハラ（アルコール・ハラスメント）」になっていたり、女性社員が上司へのお酌を強要されるといったセクハラ、上司からの説教を受けるといったパワハラなど、さまざまなハラスメントの温床になっているという問題がある。終業後や休日など、業務時間外であるのに参加が求められるという問題もある。

そのため、飲みニケーションを否定的に見ている若い世代は少なくないし、逆に上の世代から若い世代が飲みニケーションをしたがらないことへの懸念の声もある。確かに自由参加が基本のはずであるのに、インフォーマル・コミュニケーションとして部署や会社にとって重要であると参加を強制されたり、参加しないことで不利益を被ったりするという仕組みは変わっていくべきだろう。

その背景には、**飲みニケーションという形式がフォーマルとインフォーマル、会社内と会社外という二つの区分を曖昧化している**ことがある。インフォーマル・コミュニケーションが重要なら、それは会社内で就業時間に行うべきではないか。会社外、就業時間外であれば、それはあくまで自由参加であって、参加が求められたり、強要されるのはおかしいのではないか。飲みニケーションは仕事、会社が生活の中心にあり、家族や地域の付き合いより優先され、人間関係やコミュニティもそこで形成されていた時代の慣習であったとも言える。

コロナ禍において、多くの飲食店、居酒屋、バーなどは営業自粛や営業時間の短縮を行い、私たち自身も「夜の街」で活動しないように呼びかけられた。そこで出てきたのが、ZOOM飲みやLINE飲みと呼ばれるオンライン飲み会である。ZOOM飲み会は、文字通りZOOMを用いてそれぞれがリモートで参加し、飲み会を行うものである。また、LINEのグループビデオ通話では、スマホの画面やユーチューブを一緒に見ることができる。実際の飲み会でも、スマホを見せ合うことは若者世代を中心によくあることで、そこに目をつけた機能であろう。

オンライン飲み会は、距離を気にせずに、さまざまな場所からつなげて開催できる。飲むもの、飲むペースなどを周りに合わせず自分で決められるし、食べ物も周りを気にして注文したり、取り分けたりしなくてよい。帰りの時間も気にしないですむし、いざとなれば一瞬でオフにできる。緊急事態宣言による不要不急の外出自粛やテレワークが広がるなかで、他人とのコミュニケーションに飢えていたところに、オンライン飲み会は多く開かれた。

しかし、自粛ムードが沈静化していくに従って、オンライン飲み会は以前ほど頻繁には行われなくなった。居酒屋での大人数の宴会に戻っていったわけではない。オンライン飲み会が対面での飲み会を完全には代替していないこと、あるいは欠けている部分が徐々に明らかになっていったことが大きいだろう。

インフォーマル・コミュニケーションの視点で見ると、オンライン飲み会には対面での飲みニケーションの場にあった「ワイガヤ感」がない。大人数での対面の飲み会をイメージしてみよう。

一つの話題で参加者みんなが話しているのと同時に、隣や近くの人と「自分はこう思っている」とか、「違う話なんだけど」と、別のモードでの会話も織り交ぜている。つまり**大人数での対面の飲み会は、マルチモードのコミュニケーション**なのである。こうした全体と部分とが入り混じっているところが、会議での整理整頓された発言、コミュニケーションとは異なる「ワイガヤ感」を生み出しているのだ。

図16　「SpatialChat」画面の例（SpatialChat公式HPより）

一方、**オンライン飲み会は、全体で話すシングルモード**である。それぞれ少人数でのグループに分けることも可能であるが、そうすると全体は見えなくなる。一対一か数名程度であれば良いかもしれないが、人数が多くなってくればくるほど一斉にしゃべることができないので会議のようになり、対面での飲み会とは離れるのである。

こうした問題をインターフェイスで改善しようとする事例として、「SpatialChat」がある。SpatialChatでは、ユーザーがアイコンで画面上に表示されて自由に移動することができる（図16参照）。

アイコンが近い人との声は大きく聞こえ、遠い人の声は小さく聞こえるという仕組みだ。遠くで聞こえた話題が面白そうだからそちらに移動しよう、ということが可能になるし、実際の居酒屋で席を移動するよりも簡単に行える。こうしたオンラインならではのマルチモードによる「ワイガヤ感」をうまくデザインできれば、オンライン飲み会はまた盛んになるかもしれない。

アフターコロナのニューノーマルの時代において、コロナ禍以前のように大人数による対面での飲み会は避けられるだろう。集まれたとしても人数を制限したり、シールドなどで距離をとってということになるだろう。そうなると対面で集まることによる「ワイガヤ感」は、もしかしたら失われた風景にもなりかねない。

一方で、先にも述べたように大人数でのオンライン飲み会は、ある程度定着しても主流になることはないと考えられる。

飲みニケーションに代表されるインフォーマルな場でのコミュニケーションによって、組織や会社の人間関係、コミュニティを形成していくという組織文化のあり方は、若者世代や共働き世帯が増えるなかで避けられるようになり、変容を迫られていた。それをコロナ禍が加速させた。1on 1に代表されるように、より丁寧なコミュニケーションによる人材育成やマネジメントが重視されること、そして対面に加えてオンラインという手段が増えることで、少人数でのインフォーマル・コミュニケーションは拡大していくと考えられる。

インフォーマルに頼っている部分があった組織の結束を目的とした大人数での集まりやコ

ミュニケーションは、移動や会議と同様、オフィスや就業時間内といったフォーマルな時空間や組織文化、人材育成といったフォーマルな文脈のなかに意図的に設計されるものになるだろう。

CHAPTER 4

「テレワーク」と「ワーケーション」は広がるのか？

行政によるテレワークへの「動員」の流れ

先の章でも見たように、私たちはSBW（働き方に基づいたワークプレイス）の時代に入ろうとしている。では、私たちのワークスタイルはコロナ禍において、テレワーク、リモートワークなどのWFHによってどのように変容したのか。それは緊急対応の一時的なもので、徐々にもとに戻っていくものなのか。それとも、これからアフターコロナの時代におけるニューノーマルとして定着していくのか。この章では、WFHがもたらしたワークスタイルの変容を見ていきたい。

本来であれば二〇二〇年七月から始まる予定であった東京オリンピック・パラリンピックのために、都心部は混雑が予想され、通勤を避けるように要請がされたこともあって、オリンピック期間は各企業が可能な限りテレワーク、リモートワークを実施して対応するという想定であった。

総務省、厚生労働省、経済産業省、国土交通省などの省庁と、民間企業によるテレワーク推進フォーラムは、二〇一五年より一一月をテレワーク月間として、テレワークの実施、普及を呼びかけている。テレワークについて次のように述べられる。

私たちは、テレワークが「持続可能な成長と実感できる豊かさ」を実現する働き方であることを確信しています。

◎私たちは、産業社会から知識社会への移行期にいることを実感しています。社会・経済のグローバル化や未体験ゾーンに入った少子高齢化社会の中にあって、テレワークという強くしなやかな生き方、働き方の方法を身につけた人々が、これからの時代に活躍することを期待しています。

◎私たちは、情報通信技術の進展が新しい時代を動かしていること実《ママ》感しています。もはや「ＩＣＴを活用し、時間や場所を有効に活用できる柔軟な働き方」を阻害する「技術的な壁」は存在しないと考えます。

◎そして私たちは、テレワークの実践を通して得ることができる、多くの価値創造活動を支援します。

テレワーク月間は、テレワークに関心を持ち、実践する人々が「共鳴し、体験を拡げる場」として位置づけられています。この場に参加することで得られる全ての新しい価値創造の成果を共有することで、「持続可能な成長と実感できる豊かさ」の実現を目指します。

ここにある「産業社会から知識社会への移行期」や「価値創造活動」といったキーワードは、先の章で見たクリエイティブ・オフィスとも共通している。その意味で**テレワークは、クリエイティブ・オフィスと同じ文脈の上に立っているもの**と言えるだろう。

毎年七月には内閣官房、内閣府、東京都および関係団体も加えて、オリンピックを見越したトライアルとして、テレワーク・デイズも展開されていた。また、「一億総活躍社会の実現」「働き方改革」だけではなく、「地方創生」の文脈からもテレワークの有効性が唱えられ、「テレワーク先駆者百選」企業および「輝くテレワーク賞」受賞企業などが参加する「テレワーク推進企業ネットワーク」も立ち上げられるなど、政府、省庁とも積極的にテレワークを推進し、普及に努めていた。

テレワークは情報化の文脈からも語られる。時代をさかのぼると二〇〇三年の「e-Japan戦略Ⅱ」において、二〇一〇年までにテレワーク人口を就業者人口の二割にすることが数値目標として掲げられた。二〇〇七年の「ＩＴ新改革戦略政策パッケージ」では、テレワークは次のように位置づけられた。

場所と時間を自由に使った柔軟な働き方であるテレワークは、仕事と生活の調和（ワーク・ライフ・バランス）を可能とするとともに、多様な就業機会や起業・再チャレンジ機会を創出するものである。少子高齢化の中で、育児期の親、介護者、障害者、高齢者等をはじめ、個々人の働く意欲に応え、その能力を如何《ママ》なく発揮し活躍できる環境を構築し、また、家庭、社会及びその活力を維持していく上で、そうした就業環境等を早急に整備していく必要がある。このため、２０１０年までにテレワーカーが就業者人口の２割を達成することを目指した取組を推進する。

二〇一三年の「世界最先端ＩＴ国家創造宣言」でも、テレワーカー数が雇用形態の多様化とワークライフバランスの実現状況を測るＫＰＩの一つとされ、二〇二〇年までに、

①テレワーク導入企業を二〇一二年度比で三倍（二〇一二年度の導入率は一一・五％）

②週一日以上終日在宅で就業する雇用型在宅型テレワーカー数を全労働者数の一〇％以上

という目標が設定された。二〇一七年には、「世界最先端ＩＴ国家創造宣言・官民データ活用推進基本計画」において、①は継続され、新たに「雇用者のうち、テレワーク制度等に基づく雇用型テレワーカー」の割合を二〇一六度比で倍増（二〇一六年度は七・七％）、と再設定さ

れた。

ここからわかるように、テレワークはワークライフバランスの向上や働き方改革といったワークスタイルの変革に加え、**ＩＣＴ普及戦略の一つとして位置づけられてきた**のである。

やや批判的に言えば、こうした動きはワーカーである私たち自身がテレワークの実現を目指したというよりも、むしろ**行政や企業が私たちをテレワークに「動員」する動きであった**と捉えることができる。逆に言えば、このような動員が行われたにもかかわらず、テレワークはそれほど普及しなかった。そこにきて、コロナ禍の影響から、テレワーク、リモートワークは否応なく経験するものになったのだ。

「ＷＦＨ」から自宅に限らない「ＷＦＸ」へ

コロナ禍におけるテレワーク、リモートワークは、緊急事態宣言、コロナの感染症予防のために、「仕方なく」行ったという感覚を持っている人も多いだろう。ここでのＷＦＨは、テレワーク、リモートワーク推進で言われていた通勤がないことですぐに仕事に取りかかれるとか、自分や家族との時間が増えるといったメリットを、必ずしもすべて享受できるものではなかった。

ＷＦＨは自宅での自粛、感染症予防のためであり、自粛は会社だけではなく学校や保育園、カフェや居酒屋にいたるまで適用された。そのため、自宅には自分だけではなく妻や夫、子どももいたかもしれないし、オンライン会議の横で子どもがオンライン授業を受けるなど、昭和のテレビのチャンネル争いならぬＰＣ争い、ネット回線争いが起こった家庭もあっただろう。

気分を変えようとランチに出かけたり、カフェでちょっと作業を行ったりといったことも気軽にできなかった。そもそも自分の会社や業界がコロナ対応で混乱していて、日常的な業務ができず、緊急対応を迫られたという人も多かったであろう。

つまり、ＷＦＨのモードとしては強制的であり、移動の余地は小さいあるいはない状態で、働く場所は家に限られていた。また、それに向けて準備してきたのではなく、急に余儀なく実施されたこともあり、仕事の進め方も、それまでのやり方をオンラインで試行錯誤しつつ何とかこなすことで精一杯であった人も多いだろう。

どのように仕事や組織をマネジメントしたり、評価したりするかについて、ジョブ型雇用についても話題になったが、それは今後検討あるいは導入していくものであり、まだ多くは管理職や会社が従来通りの制度を運用していた。オフィスに行かずに自宅で自粛しているため、

WFH（Work from Home）	▶	WFX（Work from X）
強制的	モード	選択的
自宅	働く場所	今いる場所
小さいorない	分散の仕方	大きい
既存の代替	仕事の進め方	リモート最適化
管理職や会社から	コントロール	自分で主体的に
小さい	セレンディピティの余地	大きい

図17　WFHとWFXの比較

偶然誰かに出会う、話すといったセレンディピティの余地は小さかった。

本来、**テレワーク、リモートワークのメリットとして述べられていたのは、こうしたWFHではなく、自宅やオフィスも含めてそれぞれが自分にとって快適な場所から働くWFX（Work from X）である**（図17参照）。

WFXのモードは選択的である。自分が快適に仕事ができる場所を探すため、移動の余地は大きく、それゆえセレンディピティの余地も大きい。それを可能にするためには、会議や各種申請など、さまざまなワークフローがデジタル化、オンライン化され、リモートに最適化されていることが重要になる。

そこでは自分が主体的に仕事をコントロールできるし、それが求められる。例えば、花粉症に悩んでいる人が、花粉の時期に花粉のない北海道や沖縄、海外などで仕事をすることや、育児をしている人が、子どもを保育園に送るために午前中は家から仕事をするといったワークスタイルを望むこともできる。

テレワーク、リモートワークが浸透してくると、オフィスは複数あるワークプレイスの選択肢の一つになる。WFHではなくWFXとして捉える視点が、今後のワークスタイルをデザインしていくうえで、企業、個人ともに模索していくべき方向であろう。

そのためには、コロナ禍におけるWFHが私たちのワークスタイルにどのような変化をもたらしたかを検討すると同時に、今までのワークスタイルの何が本質であったのか、何を失って何を得たのか、を考えることは必要な作業になる。いずれにせよ重要なことは、**コロナ禍をWFHでどのように乗り切るか、すなわちオフィスにどのように戻るかを考えるのではなく、WFHからWFXへと進めていく大きなチャンスであると捉えること**である。

テレワーク、リモートワークで不安視されてきたセキュリティやコミュニケーションの要素も現状、完全ではないにせよなんとか乗り切ってしまった。テレワーク、リモートワークは不可能ではないとわかった企業、業界も多く、テレワーク、リモートワークができることをビジネスの強みや人材確保のための魅力として打ち出すところも増えてくる。

今後、リモート適応のワークフローや制度が徐々に整えられていくなかで、テレワーク、リ

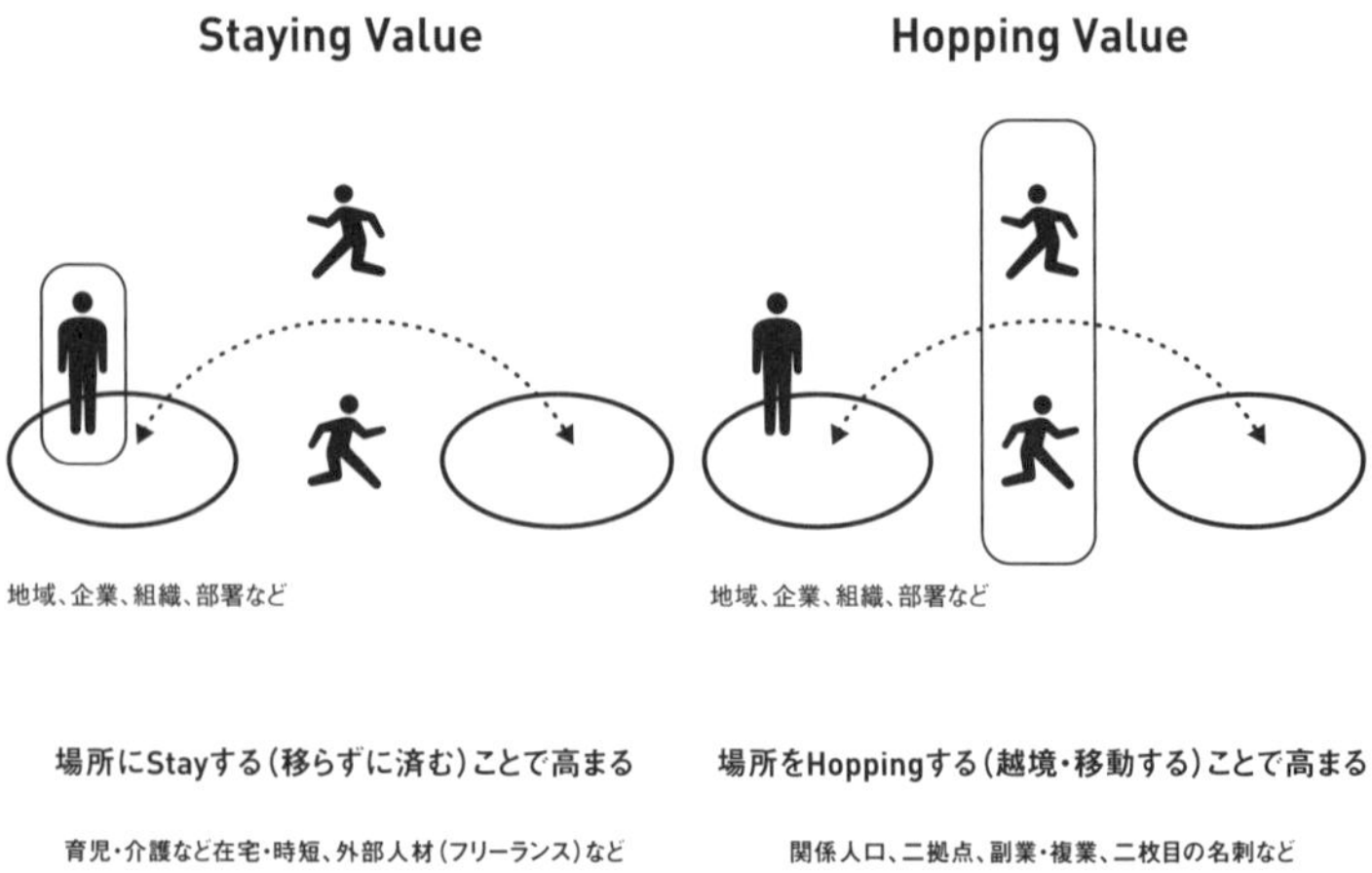
Staying Value
地域、企業、組織、部署など
場所にStayする（移らずに済む）ことで高まる
育児・介護など在宅・時短、外部人材（フリーランス）など
Hopping Value
地域、企業、組織、部署など
場所をHoppingする（越境・移動する）ことで高まる
関係人口、二拠点、副業・複業、二枚目の名刺など
図18　「Hopping Value」と「Staying Value」

モートワークは特別なものではなく、よりカジュアルなものになっていくだろう。そのなかで起きるのは、週に二日はオフィスで、残りはそれ以外の場所からといった個人のハイブリッドな働き方と、チームで打ち合わせするときに、何人かは家やオフィス以外の場所からオンラインでつながってるという組織におけるハイブリッドである。また、自分の会社がそうではなくても、営業先や取引先がテレワーク主体になってくるかもしれない。そうなると、オフィスは対面で集まるための場所としてだけではなく、テレワークをするための場所とも捉えることができるようになる。

ＷＦＸは、自分が仕事をする場所を選んで移動する自由とともに、オフィスに通勤しなくても良いという移動しない自由を確保するもので

もある。場所を移動することで高まる価値は、「ホッピングバリュー(Hopping Value)」と言える。

例えば、地域に移住まではしないが、関わりを持つ関係人口として生活する、あるいは「二枚目の名刺」を持って複・副業をする、プロボノ（専門スキルを活かしたボランティア）に従事するなど、他の活動のために移動したり、越境することで、自分の学びやキャリア、モチベーションにしていくことが考えられる。これは「攻めのテレワーク、リモートワーク」とも言えるだろう。

一方で、コロナ禍で見られたWFHのように、感染症予防のためであったり、育児や介護などの事情があったり、フリーランスなど外部人材として仕事を請け負ったりするような場合は、オフィスに来ることなくオンラインで仕事をする、すなわち場所を移らずに済むという点が大事で、この価値は「ステイイングバリュー(Staying Value)」と言える（図18参照）。こちらは「守りのテレワーク、リモートワーク」と言えるだろう。

WFXは福利厚生なのか、経営戦略なのか、人事案件なのかといった問題や、どこが立案・管轄するのかを考える場合、こうしたホッピングバリューとステイイングバリューを意識しながら整理することは有効であろう。

快適なワークプレイスのポートフォリオとは

ＷＦＸの視点に立つと、テレワーク、リモートワークは家からするものというよりも、そのときの気分や状況、仕事の種類などによって使い分けることがポイントになる。例えば、午前と午後で場所を変えてもいいし、台風が来ていたり、電車が事故で動かないといった場合は、自宅やサテライトオフィスからの仕事に切り替える、夏休みや花粉がひどい時期には、遠く離れた快適な地域で働く、育児や介護など家族の状況によって数年間は異なる場所から働く、といったことも可能になる。

これまで仕事の効率化や知的生産術と言えば、オフィスに通勤し、そこで働くことを前提として、どのようにスキマ時間や移動時間などを活用して生産性を高めるかという時間的アプローチがメインであったが、今後は快適なワークプレイスのポートフォリオをうまくつくるという場所的アプローチも探られていくだろう。むしろ、コロナ禍以降のニューノーマルを考えるなかで、場所的アプローチの重要性はこれまで以上に高まっている。

場所的アプローチで考えると、アフターコロナにおける私たちのワークプレイスの候補地は

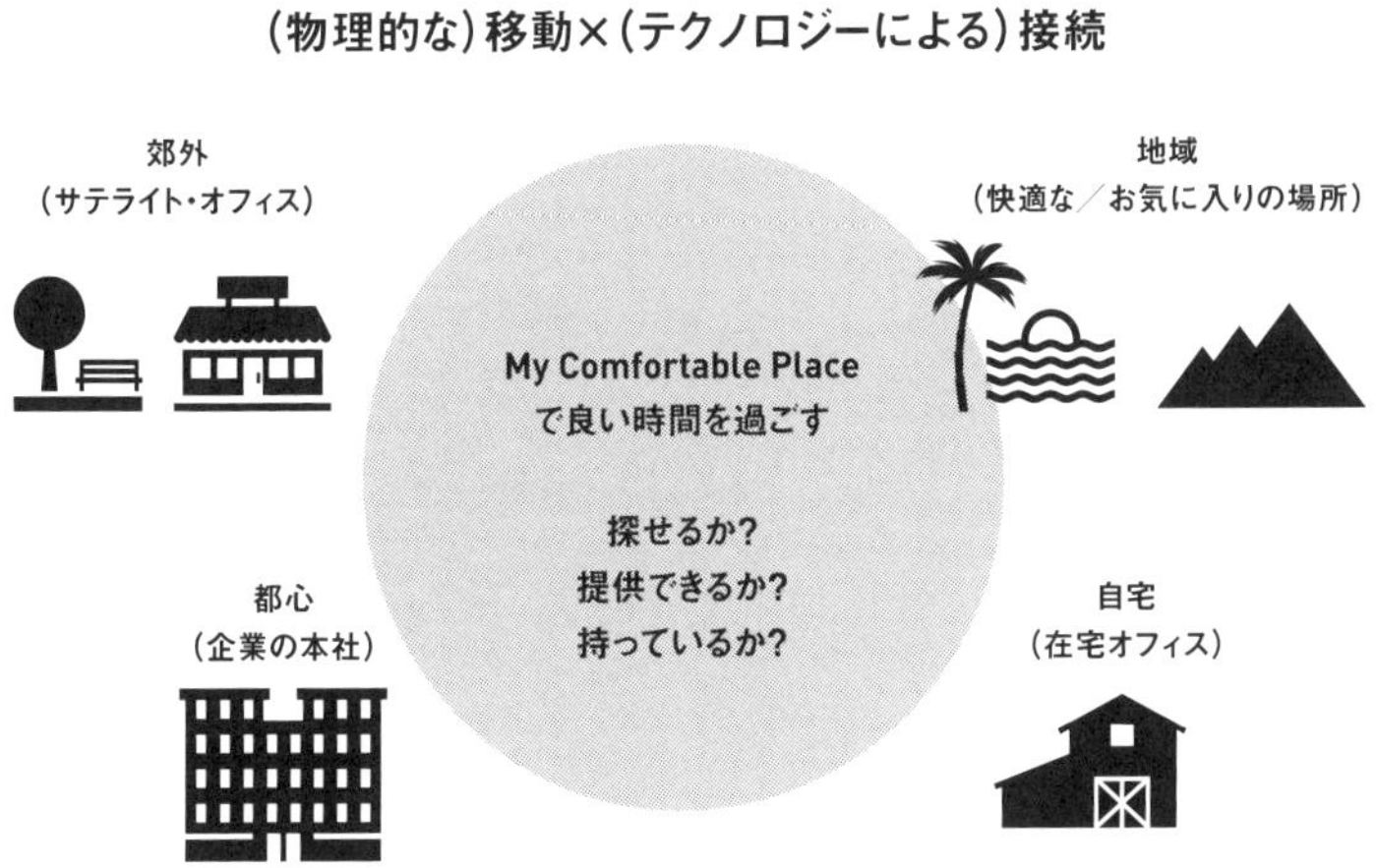

図19　移動×接続で生まれる四つの場所

大きく四つに分類される（図19参照）。

先の章でも述べたように、都心部を中心としてモニュメントや焚き火的な要素、高機能の環境が提供される本社オフィスと、そこに自宅と自宅から通いやすい郊外のサテライトオフィスが想定される。さらに都心部や自宅から離れた地域も候補になりうるだろう。

生産性を考慮しながら健康やモチベーションをよりよいものにしていくにあたり、物理的な移動とモバイルメディアをはじめとしたテクノロジーによる接続によって、こうした四つの場所をうまく使い分けていくことが可能になるし、また必要になってくるだろう。

例えば、「日本仕事百貨」の代表ナカムラケンタは、東京の清澄白河にあるオフィスから徒歩圏内に住む職住近接をしながら、週末には定期的に新島や蓼科の拠点にも通う生活をしている。都心にほど近い清澄白河で職住近接を行うことで、満員電車や長時間の通勤をなくし、家族との時間を持てるステイングバリューを高めつつ、同時に週末には離島である新島や山に囲まれた高原である蓼科と場所を変えることで、気分を変えたり、刺激を受けることでホッピングバリューも得ている。

企業にとっても都心オフィスに集約するのではなく、都心部のオフィス、郊外のサテライトオフィス、地域という三つの拠点を整備していくことは有効になってくる。本社ビルを売却したり、地方へ移転したりする企業も出てくるだろう。そのなかでベッドタウンなどは死語になるかもしれないし、逆に地域には、企業による「保養所」がアップデートされて登場するかもしれない。

テレワーク、リモートワークの効果を語る際に、生産性がどうなるのかは最大の関心事である。ここで生産性についても触れておこう。生産性とは、基本的には投入したものと産出したものを計測し、どれくらい有効に産出されたか、投入したものが有効に利用されたかを示すものである。投入したものからの分類として、労働生産性と資本生産性とがある。さらに労働生産性には、産出されたものによって物的生産性と付加価値生産性とがある。

日本生産性本部の「労働生産性の国際比較２０２０」によると、日本の労働生産性は、時間あたりはＯＥＣＤ加盟三七ヶ国のなかで二一位、一人あたりは二六位であり、主要先進七カ国のなかでは一九七〇年以降最下位のままであった。日本の労働生産性は高いとはいえず、その向上は課題となっている。

テレワーク、リモートワークの効果を考える際に、（必ずしも正確な表現ではないが）**「生産性を高める」と「生産性を落とさない」という二つの視点がある。**

「生産性を高める」とは、オフィス以外の場所で働いたほうが、オフィスで働くよりも生産性が上がっているという意味である。例えば、花粉症や猛暑を避けて快適な場所で作業することで、オフィスよりも多くの作業ができる、パフォーマンスが上がるといった場合である。

一方、「生産性を落とさない」とは、オフィス以外の場所で働いたとしても、オフィスに来ていたときと同じくらいの生産性があるという意味である。例えば、育児や介護などで通勤できない人が、家からのテレワークをすることで、オフィスで働いているのと同じ作業ができているのであれば、テレワークでも生産性が落ちていないと言える。むしろ育児や介護をしながらパフォーマンスが落ちていないのであれば、オフィスで働く同じパフォーマンスの社員よりも高く評価されるべきである。

これまでのテレワーク、リモートワーク導入は、生産性を高めるためであるという効果の実証データが求められつつ、その目的は「生産性を落とさない」ためのものであったと言える。

人材確保やＢＣＰ、健康経営などを考えた場合、生産性が上がってはいないが落ちてもいないこと、それによって得られる健康や幸福度、モチベーションを指標にするほうが重要であろう。

また、新規事業などのアイデアやイノベーションは、それにかけた時間や作業によって線形に数値化しづらい部分があり、出たか出ないかの「ゼロか百か」である。一時間で一つ新規事業のビジネスプランが出たからといって、六時間かければ六つ出るものではないし、一時間で出たビジネスプランと六時間かけたビジネスプランのどちらが付加価値があったのかは、その時点では判断できない。

会議による意思決定についても、時間がかかるのも問題でありつつ、議論や検討が十分ではなく時間が足りていないことも問題になりうる。

テレワーク、リモートワーク、さらにＷＦＸを制度として導入したり、広げていこうとする企業は今後も増えていくと考えられるが、その際の根拠として、社員の生産性がどうなるのかといったデータが求められることも多くなるだろう。生産性を高めるためなのか、生産性を落とさないためなのか、またどのような業務内容についての生産性を考えるのか、丁寧に設計する必要があるだろう。

ワーカー自身も、自分がどのような環境や場所でどのような作業が可能なのか、どれくらい効率的に行えるのか、といった判断やアセスメントも今後は必要になってくる。

例えば、「ＪＩＮＳ ＭＥＭＥ」はメガネに組み込まれているセンサーによって、瞬きや視線の移動、姿勢などのデータを収集し、アプリと連動しながら自分の集中力を可視化するというプロダクトである。これを活用すれば、どのような時間帯やシチュエーション、場所で自分は集中できるのかを、データとして見ることができる。こうしたデータに基づきながら、**時間的アプローチ、場所的アプローチを組み合わせる働き方改革が、アフターコロナにおいて主流になっていく**だろう。

ワーカー個人だけではなく、社員からこれらのデータを収集し、分析することで、会社全体のワークスタイルの見直しにつなげることも可能になる。

ただし、留意したいのは、**こうしたデータ収集が社員の「監視」になってはならない点**である。現在でもテレワークをしている社員のＰＣのログを収集したり、着席・退席ボタンによって勤怠管理するというシステムはある。確かにテレワーク、リモートワークは働きすぎることもあり、その点で労務管理は重要である。しかし、社員は見ていないとサボってしまうだろうという性悪説や、部下の行動を把握するのが育成でありマネジメントであるという意識に基づいて、上司が部下の仕事を画面を介してチェックするのは有効な手段にはならない。

ケータイからスマホにいたるまで、若者を中心としたメディア利用は、親や教師による管理・監視とそこから逃れることのいたちごっこであり、行き過ぎた管理・監視は、むしろ効果的ではない。このことは、テレワーク、リモートワークにも当てはまるだろう。そういった意味では、近年議論されている成果主義、ジョブ型を含めた人事評価システムとセットで考えることがポイントになってくるだろう。

「ノマド・ブーム」とはなんだったのか

前節ではＷＦＸをキーワードに、時間をどのように使うのかという時間的アプローチだけではなく、物理的な移動とテクノロジーによる接続によって、仕事に快適な場所を選んだり変えたりしていく場所的アプローチも含めて、自分のワークスタイルを設計していく人、企業が増えていくと予想した。

しかし、場所を移動しながら仕事をする、というワークスタイルが示唆する自由への希求は、今に始まったわけではない。会社に縛られず、自分らしく、自由に働くことを模索するブームは、実は一九九〇年前後から続く同様の三つの波の延長線上にある。

最初の波は、フリーター・ブームである。一九八七年に「フリーター」が流行語となったことを皮切りに、一九九〇年前後にフリーター・ブームが起こった。

一九八二年にリクルートから、アルバイト情報誌『フロム・エー(FromA)』が創刊され(一九八九年には週刊から『FromA toZ』と合わせ週二回発行)、「フリーター」という言葉が広まり、ブームを生み出した。一九八六年には『日刊アルバイトニュース』から改名した『アン(an)』が刊行されるなど、アルバイト情報誌の発刊が相次いだ。

バブル経済のなか、求人も好調で、若者たちの間ではアルバイトで稼ぎながら自分の「やりたいこと」を探したり、続けたりするというライフスタイルがもてはやされた時代であった。

第二の波は、バブル崩壊を経て、二〇〇〇年前後に起こったベンチャーブームである。当時は「ITバブル」と言われているように、SOHOや自宅からインターネットを活用して起業し、急成長を遂げたものも少なくない。二〇〇三年に開業した六本木ヒルズに入居した企業やレジデンスに住むヒルズ族は、その象徴と言えるだろう。

二〇〇〇年代初頭にはすでに「ITバブル」は崩壊したものの、二〇一〇年前後にはスタートアップがもてはやされ、起業ブームと言える盛り上がりを見せていたのと同時に、「ノマド」がもてはやされた。これが第三の波である。

二〇〇八年のリーマン・ショックは、これまでの年功序列、終身雇用に代表されるような「普通に働く」ことが難しくなるかもしれないという不安を増大させた。一方で、二〇〇八年には『ブラック会社に勤めてるんだが、もう俺は限界かもしれない』が出版され、二〇一三年には「ブラック企業」が新語・流行語大賞のトップテンに選ばれるなど、過大な残業や低い賃金などの劣悪な労働環境も問題化した時期であった。

二〇一一年の東日本大震災では、帰宅難民を目の当たりにしたり、原子力発電・放射能が問題視されたことで、東京一極集中や社会インフラへの不信が高まった。そこで新たなワークスタイルとして、またそれを実践する人として注目されたのが、「ノマド」だった。

「ノマド（Nomad）」は、もともと遊牧民を指す言葉である。

一九八九年に建築家の黒川紀章が、『新遊牧騎馬民族ノマドの時代』を出版し、人材と情報が集中する「オアシス」としての都市の内部やその間を、モバイルメディアを片手に移動する新たな「遊牧民」として、「ノマド」の登場を予想していた。一九九八年には牧本次生、デビッド・マナーズが、『デジタル遊牧民』（原著の英語版は一九九七年に出版）を出版し、情報化によって時間と場所の制約から解放された新しいライフスタイルとして「ノマド」を描いた。

これらはどちらかと言えば未来予測であったが、二〇一〇年前後からフリーランスのデザイナーやプログラマー、ライターなどが、インターネットとモバイルメディアを駆使し、固定的なオフィスを持たずに働くスタイルを指す言葉として、「ノマド」が用いられるようになった。

二〇〇九年に出版された佐々木俊尚の『仕事するのにオフィスはいらない』を皮切りに、ノマドに言及する書籍は徐々に増え始め、二〇一二年には本田直之『ノマドライフ』、立花岳志『ノマドワーカーという生き方』、安藤美冬『冒険に出よう』が、二〇一三年には米田智彦『僕らの時代のライフデザイン』などが、企業に所属することなくノマド的なワークスタイルを実践している人たちによる書籍が相次いで出版され、ノマドに関する特集、関連イベントなども多く開催されるようになった。本田（二〇一二）は、自身のノマドライフについて次のように語っている。

仕事と遊びの垣根のない、世界中どこでも収入を得られるノマドビジネスを構築し、2ヶ所以上を移動しながら、快適な場所で生活と仕事をすることで、クリエイティビティや効率性、思考の柔軟性が向上し、それがいいスパイラルになるライフスタイル。これがわたしにとっての「ノマドライフ」です。

相次いで出版された書籍で語られるノマドは、アタリ（二〇〇八）による定義、分類に基づいている。アタリによると、ノマドは「ハイパーノマド」「下層ノマド」「バーチャルノマド」の三つに分けられるという。

「ハイパーノマド」とは、世界的に活躍できる実業家、芸術家、スポーツマンなどを指している。一方、「下層ノマド」は、出稼ぎ労働者など生活のために移動しなければならない層を指す。これらに対して「バーチャルノマド」は、実際には定住民であり、ネットを通じて世界と繋がりつつ、生活をする中産階級を指している。

都市を移動、回遊しつつ柔軟に仕事をする／したいという近年のギグ・ワーカーは、バーチャルノマドにあたるだろう。

二〇一〇年前後のノマド実践者たちが主張するノマド的なワークスタイルは、ワークスタイルというよりもライフスタイルといったほうが正しい点は留意しておく必要があるだろう。すなわち、それぞれが主張するようなワークスタイルを実践するためにノマド的なライフスタイルを送り、逆にそうしたライフスタイルを送るためにノマド的なワークスタイルが必要になるのである。

しかし、**二〇一〇年代におけるノマド・ブームを支えたのは、世界を股にかけて働くというハイパーノマドへのあこがれというよりも、自由に時間を使いたい、場所を選んで働きたい、といった自由で柔軟なワークスタイルへの希求**であった。

「ノマド・ブーム」がそれまでのフリーターやベンチャー、起業ブームと異なっているのは、都市やグローバルなレベルでの移動や回遊が特徴になっている点である。その背景には、すでに指摘したようにモバイルメディア、ソーシャルメディアの発展と普及がある。アタリはこうしたモバイルメディアやソーシャルメディアを含めたガジェットを、「オブジェ・ノマド」と呼んだ。

二〇一〇年前後に二〇～三〇代であった若者たちは、おおよそ一九八〇～九〇年代生まれのデジタル・ネイティブたちであり、ケータイがない時代をあまり体験していない世代である。

二〇〇八年にはアップルから当時「世界最薄のノートブックPC」として、「MacBook Air」が発売され、PCも本格的にモバイル化していった。スターバックス・コーヒーが日本で全国展開を本格化したのも、二〇〇〇年以降である。

それ以降も、これら「オブジェ・ノマド」を支えるべく、公衆無線LAN、Wi-Fiを提供するカフェ、コワーキング・スペースなど、オフィスや自宅以外でのインターネット環境の整備と高速化が進み、また、ドロップボックス（Dropbox）やグーグルドライブ（Google Drive）など、クラウドサービスも一般化していった。

このように**ノマドがブームとなった背景には、既存のワークスタイルそのものへの不安や不信もあるが、それと同時にモバイルメディア、ソーシャルメディアの発展と普及が密接に関わっていた**のである。

日本においてノマドは、一つのブームとして受け止められながらも、フリーランスを中心に二〇一〇年代前半以降もある程度は定着した。日本のフリーランスの規模は、定義や調査方法によってばらつきはあるが、ランサーズによる「フリーランス実態調査」では、二〇二〇年時点で一〇三四万人、内閣官房による調査では、二〇二〇年時点で四六二万人と推計されている。

アメリカのフリーランス人口の比率は日本より高く、日本においても今後、さらに増加していくことが予想される。海外では、ノマド的なワークスタイル、ライフスタイルはロケーション・インデペンデント（Location Independent）あるいはデジタル・ノマド（Digital Nomad）とも呼ばれ、グローバルに旅をしながら働く、あるいは働きながら旅をするワークスタイル、ライフスタイルの存在感は増している。

仕事と休暇を兼ねた「ワーケーション」の登場

コロナ禍の外出自粛と休業要請によって大きな影響を受けた業界の一つに、観光業がある。日本政府観光局によると、訪日外国人観光客は二〇一〇年には約八六〇万人であったが、二〇一〇年代を通して増加し続け、二〇一九年には約三二〇〇万人にまで増えている（図20参照）。

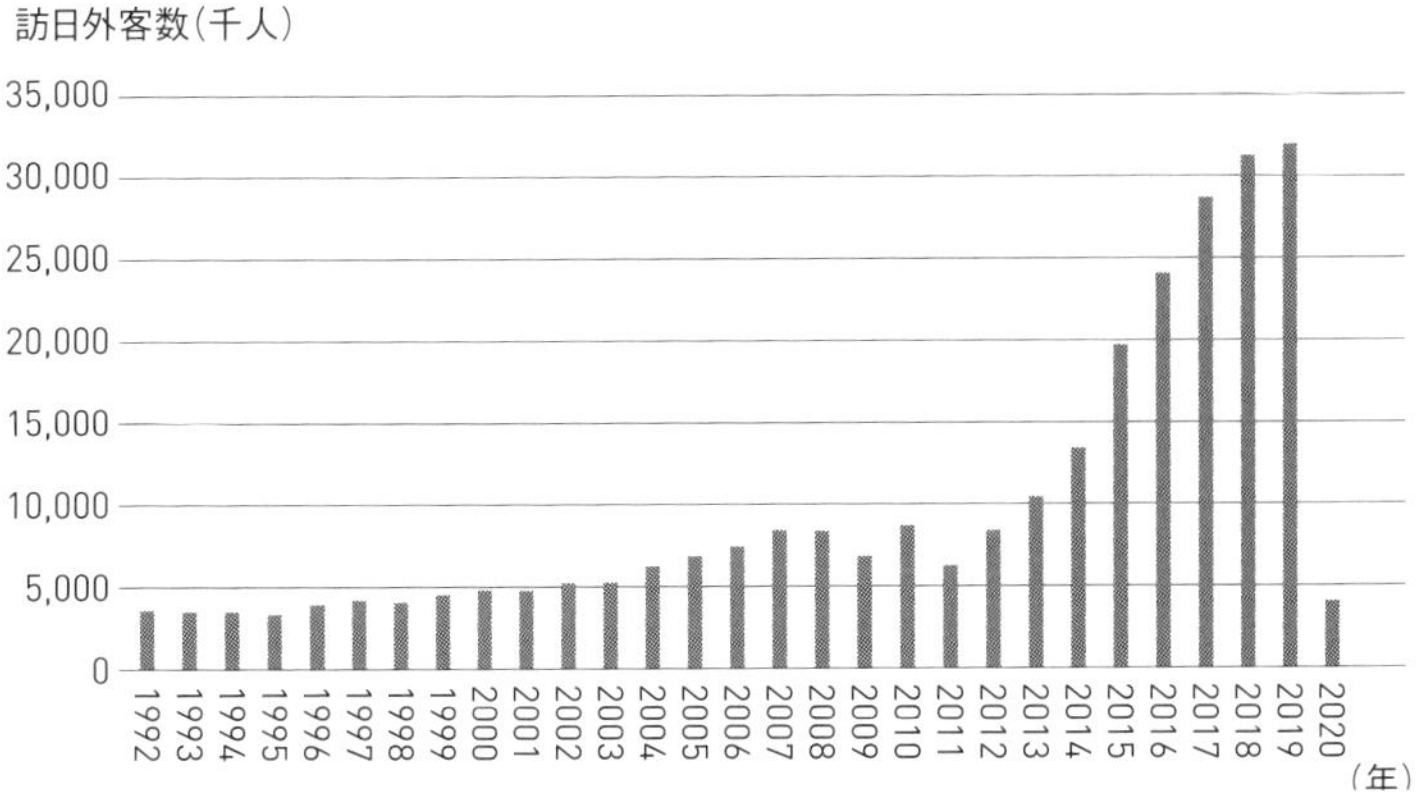

図20　年別訪日外客数の推移

※1992～2019年は確定値。2020年は1～9月での推定値。
※日本政府観光局（JNTO）による「年別訪日外客数の推移」を基に作成。

本来であれば、二〇二〇年は東京オリンピックの開催で外国人観光客がさらに押し寄せ、各地が賑わいと混雑を見せているはずであり、むしろオーバーツーリズム対策をどのようにするかが焦点であった。

それが緊急事態宣言が出され、世界的にも活動自粛の状況が続いていた二〇二〇年五月の訪日外国人の数は、観光局の統計によると約一七〇〇人で、前年同月比九九・九％減という状況となった。同年七月においても約三八〇〇人で、こちらも九九・九％減とほとんど状況は改善しなかった。

このように落ち込む観光業界への支援策の一環として、「GoToトラベル・キャンペーン」が二〇二〇年七月からスタートした。それに先立ち、菅義偉官房長官（当時）がキャンペーンの活用とともに、新しい観光や働き方のあり方として、「ワーケーション」の普及に取り組む考えを示した。

この菅官房長官による「ワーケーション発言」は、ネット上で聞き慣れていなかったワーケーションという言葉をめぐって議論を巻き起こした。例えば、「温泉に入ってゆっくりしているときに、上司からの電話に出るのはいやだ」とか、「仕事と休暇の境界がなくなる」「コロナの影響で旅行に行って、優雅にしているような余裕はない」といったものまで、さまざまであった。

グーグル・トレンドで、先ほどのノマドとワーケーションの人気度を二〇一〇年から比較すると、二〇一二年にはノマドが多く注目を集めており、その後下火になっていっている。ワーケーションはそれまでほとんど検索されていなかったが、二〇一九年八月から徐々に増え始め、二〇二〇年七月には急激な増加を見せている（図21参照）。

ワーケーションは、実現できるならやってみたいという人も多いだろう。では、ワーケーションはテレワーク、リモートワークが広がるなかで、ありうる実践なのか、それとも現実的にはさまざまな課題が立ちはだかる夢なのか。

実はワーケーションをめぐる動きや課題には、ニューノーマルのワークスタイル、ＷＦＸを考えるうえで重要な論点が含まれている。ここではワーケーションをめぐるさまざまな議論や

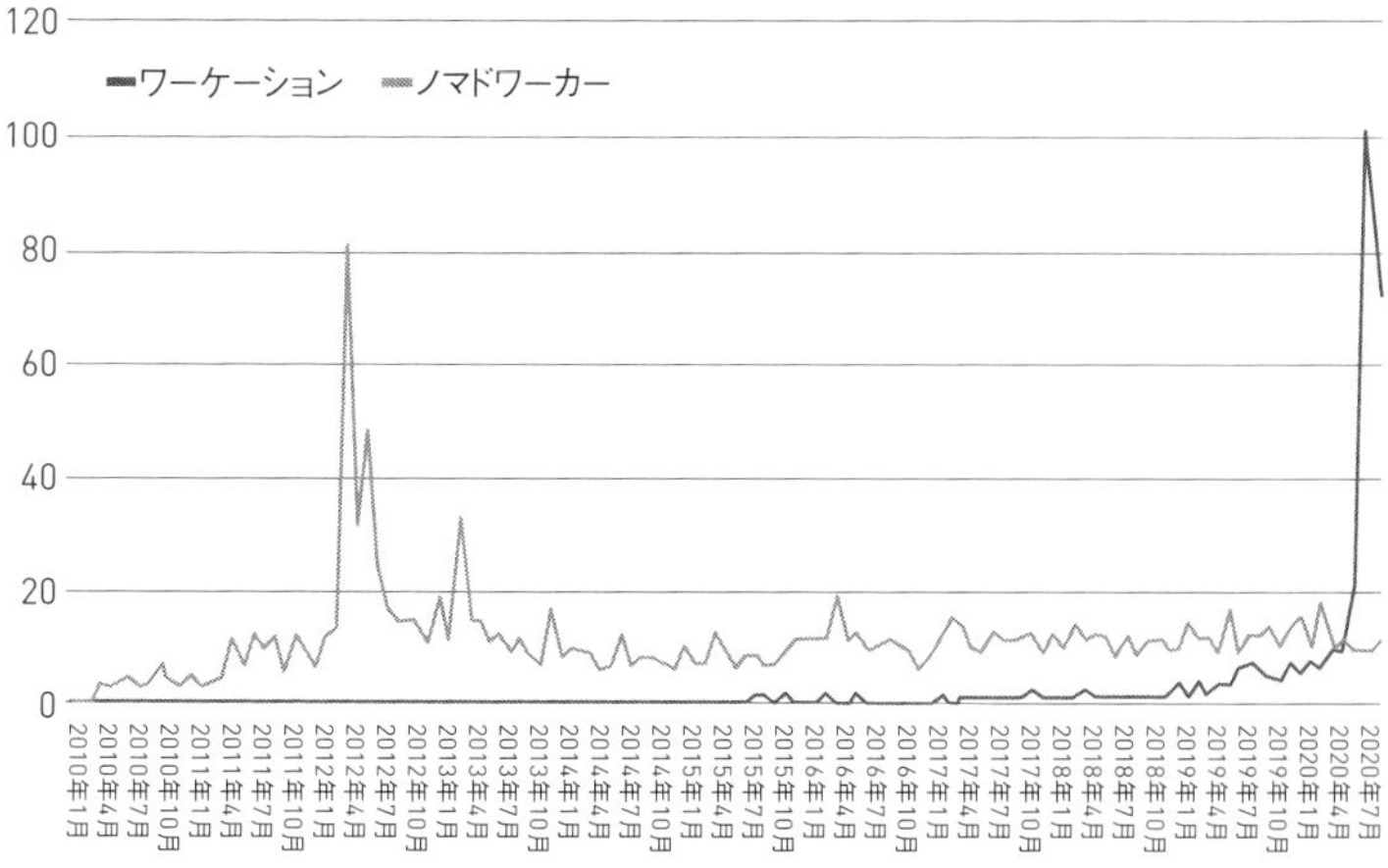

図21　「ノマドワーカー」と「ワーケーション」のグーグル検索数の推移

動きを取り上げることで、ＷＦＸの可能性や課題について検討していきたい。

菅官房長官発言を受けて特にネット上では、ワーケーションは「GoToトラベル・キャンペーン」と同様に、コロナ禍における緊急の支援として急に打ち出されたように受け止める人も多く見られた。しかし、すでに環境省も補正予算で、国立・国定公園や温泉地でのワーケーション推進支援のための環境整備を打ち出していたし、それ以前から和歌山県や長野県をはじめ、各地域でも推進が目指されていたものでもある。

そもそもワーケーションとは、「ワーク（仕事）」と「バケーション（休暇）」をあわせた造語で、二〇一〇年代に、旅をしながら仕事をするデジタル・ノマドたちが自分のワークスタイルを指したり、社員でも仕事を休暇中に挟むことで長期間休暇を取得できるといった意味で使っていた言葉である。

ワーケーションには、まだ明確な定義はない。仕事のリフレッシュのため、あるいは休暇として投入したコスト以上の収益を上げるもの、といったワークスタイルに着目したものから、健康回復や家族との時間、刺激になる出会いや経験、といった休暇にフォーカスしたものもある。

しかし、ワーケーションの本質は働き方と休み方の両者のバランスを取る、すなわち「併存する」というよりも「重なる」経験である。それを踏まえて筆者は、**ワーケーションを「ワーカーが休暇中に仕事をする、あるいは仕事を休暇的環境で行うことで取得できる休み方であり、働き方。また、仕事に効果があると考えられる活動」と定義する。**

ワーケーションはオフィス勤務でもなく、WFHとも異なる第三の可能性とも言えるもので、WFXの一つの例である。

日本では二〇一七年ごろから、ワーケーションが徐々に注目されるようになった。その社会背景を見ていこう。

日本では東京への一極集中、および社会全体の少子高齢化が大きな社会課題となっている。こうした問題に対して、政府や地方行政は対応が迫られている。

二〇一七年に設置された「人生１００年時代構想会議」は、進行する少子高齢化社会における幼児教育や高等教育の改革、生涯学習などのリカレント教育、高齢者雇用などを中心に、「人づくり革命」と呼ばれる政策提言を行った。

その流れで、二〇一七年ごろから副業・兼業が徐々に認められだし、増加していった。二〇一八年に制定された「副業・兼業の促進に関するガイドライン」に代表されるように、個人単位で徐々に広がっていた多様な働き方は行政レベルで推進されていった。

二〇一九年からは働き方改革関連法（正式には「働き方改革を推進するための関係法律の整備に関する法律」）が施行され、長時間労働の是正や正規・非正規などの雇用形態による待遇差の解消、柔軟な働き方、ダイバーシティの推進などが、企業においても求められた。例えば、有給休暇について、「年五日の年次有給休暇の確実な取得」が使用者に義務付けられ、どのように社員に休んでもらうかを計画しなければならなくなった。

そこで単に自宅でテレワークをするのではなく、地域に休暇「としても」滞在するワーケーションは、社員、企業双方にとって有給取得をスムーズにするために有効と考えられるようになった。

日本におけるワーケーションの社会背景として、地方創生もある。

二〇一四年より東京への一極集中に対する地方創生のために、さまざまな政策が打ち出された。そのなかで、移住した「定住人口」でもなく、観光に来た「交流人口」でもない、地域や地域の人々と多様に関わる者である「関係人口」の創出に注目が集まるようになった。二〇一八年には総務省が「関係人口創出事業」をスタートさせたことで、各地域で関係人口をキーワードにさまざまな動きが活発になった。東京をはじめとした都市部から離れ、一定期間を地域で働きながら過ごすワーケーションは、関係人口創出への期待も集めるようになったのである。

ここまで見てきたように、日本におけるワーケーションは、デジタル・ノマドや社員などのワーカー個人の働き方の一つのあり方というよりも、**働き方改革を進める企業や関係人口の創出を目指す地域が主導しながら推進する、制度や取り組みであることが特徴であり、「日本型ワーケーション」と言えるもの**になっている。

ワーケーションもノマドと同様に、モバイルメディアの発展とも密接に関わっている。またデジタル・ノマドたちが仕事を受けたり、会社員が会社の仕事を進めるためのソフトウェア、アプリケーション、デジタル・プラットフォームも必要である。さらに、比較的長期間にわたってその地域に滞在し、仕事をするのであれば、そのためのコワーキング・スペースなどのワークプレイス、飛行機や電車、タクシーなどの移動手段、アパートメントやホテルなどの宿泊・滞在に関わるさまざまなシェアリング・エコノミー・サービスの展開と普及も、ワーケー

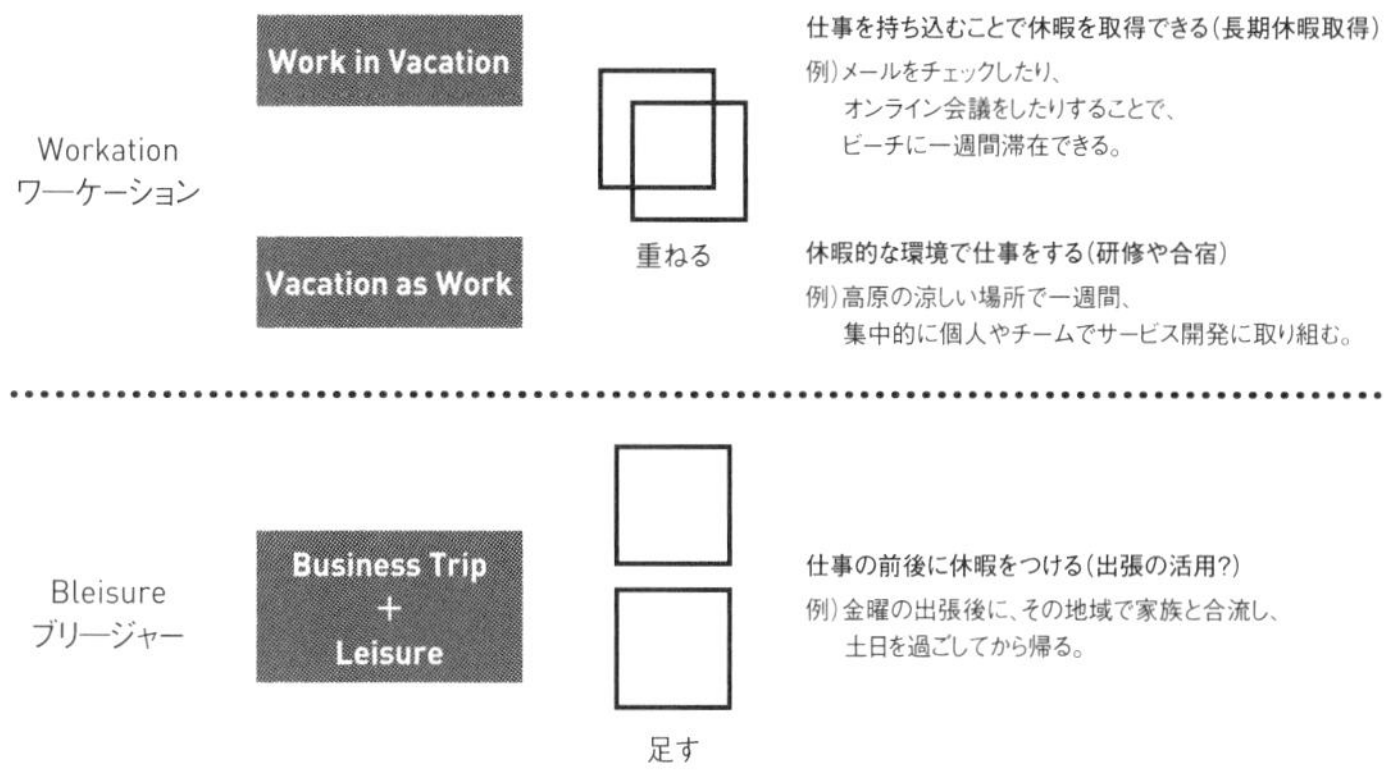
Workation
ワーケーション
Work in Vacation
Vacation as Work
重ねる
仕事を持ち込むことで休暇を取得できる（長期休暇取得）
例）メールをチェックしたり、
オンライン会議をしたりすることで、
ビーチに一週間滞在できる。
休暇的な環境で仕事をする（研修や合宿）
例）高原の涼しい場所で一週間、
集中的に個人やチームでサービス開発に取り組む。
Bleisure
ブリージャー
Business Trip
＋
Leisure
足す
仕事の前後に休暇をつける（出張の活用?）
例）金曜の出張後に、その地域で家族と合流し、
土日を過ごしてから帰る。

図22　ワーケーションの二つのタイプとブリージャー

ションの拡大において重要な役割を果たすだろう。

　このようにワーケーションは一見すると、都会やデジタル環境から離れた働き方であり、休み方であるが、**実際はモバイルメディアとシェアリングをキーワードとしたデジタル生態系を前提として初めて成立する働き方、休み方**であることは留意すべきだろう。

　ワーケーションと一口に言っても、そのやり方にはいくつかの種類があり、それらを混同すると議論が錯綜《さくそう》したり混乱するため、整理しておきたい（図22参照）。

　まず、ワーケーションに近い概念として、ブリージャー（Bleisure）がある。ブリージャーとは、出張の前後に休暇をつけるものであり、例えば月曜日に仕事がある場合、土曜日の夜か

ら現地に入ったり、逆に金曜日に仕事が終わった場合、土日はその土地で過ごすといったものである。こうしたブリージャーは、仕事に休暇を「足す」というイメージだと言えるだろう。

一方、ワーケーションは「足す」のではなく、前述したように仕事と休暇を「重ねる」というイメージで、その重ね方としては大きく二つに分けることができる。

一つは、休暇のなかに仕事を入れ込む「ワークインバケーション（Work in Vacation）」である。例えば、水曜日の会議にオンラインで参加することを条件に、残りの一週間を休暇扱いで地域や海外で過ごすことができるというものだ。つまり、会議へのオンライン参加やメールへの対応などを一定程度行うことで、長期休暇が取得できるというものである。

もう一つは、「バケーションアズワーク（Vacation as Work）」である。これは休暇的環境で仕事を行う、研修や合宿のようなイメージだ。気候的に快適な環境や場所で仕事をすることで生産性を向上させたり、オフィスでは集中して取り組めない作業のためにこもったり、なかなかスケジュールを合わせられないメンバーで集中的に開発やディスカッションをすることなどが想定される。その地域で休暇的に過ごすことで、ビジネスにつながる刺激や出会いが期待できたり、社会活動を行って地域の発展や社員の成長が期待できるという面もあるだろう。

ワーケーション先の地域で、どのようなスタイルで働くのかに着目した整理もできる。オフィスから隔離されていることで仕事を行えること、オンラインで仕事の対応ができること

	仕事 × 隔離	活動 × 接続
個人	**文豪モデル** オフィスから隔離されていることで、集中して自分の仕事に取り組む。	**趣味人モデル** オンラインで仕事に対応しながら、自分の好きな場所で、好きなことをしながら過ごす。
集団	**合宿モデル** オフィスから隔離されていることで、メンバーで同じ時間・場所を過ごし、開発・研修などを行う。	**コミュニティ・モデル** オンラインで仕事に対応しながら、違う組織やグループ、地元との交流含め、地域課題解決や社会活動を行う。

図23　ワーケーションの四分類

で（仕事とは直接結びつかない）活動ができること、という軸と、個人と集団という軸とで整理してみよう（図23参照）。

オフィスから隔離されていることで、仕事を行うことができるというのは、小説家が温泉宿で執筆に励むイメージだ。「文豪モデル」と言え、多くの人がイメージしやすいだろう。例えばマイクロソフト社の創業者ビル・ゲイツは、一年のうち「シンク・ウィーク（Think Week）」という思索にふける期間を設けている。

カル・ニューポート（二〇一六）は、こうした集中して長時間知的作業を続けることを「ディープ・ワーク」、メールの返信など反復可能な仕事を「シャロー・ワーク」と呼んでいる。文豪モデルは、ディープ・ワークを行うものと言えるだろう。

これを自分一人ではなく、部署のメンバーやプロジェクトメンバーで集まって、開発や研修を行うのは「合宿モデル」と言えるだろう。

逆に、オンラインで仕事の対応をすることで、長期の休暇を取得できるということもある。個人で自分の好きな場所に滞在し、サーフィンや魚釣り、山歩きなど、好きなことをするのは「趣味人モデル」と言える。他の組織や地域の人たちを含めた集団で行う場合、それは地域のお祭りや行事のような社会活動であったり、過疎地域の学校をどうするのかという地域課題への取り組みであったりする。こうした一時的なコミュニティをつくり、活動に取り組むのは「コミュニティ・モデル」と言える。

さらに個人の活動にフォーカスすると、一人で集中するのと、グループでコミュニケーションを取るという軸、モバイルPCなどスクリーンに向かう（On Screen）のと、スクリーンから離れてその環境に浸る（Off Screen）という軸でも整理できる（図24参照）。

スクリーンに向かって一人で集中する活動は、「作業」と言える。作品や企画、資料などに集中的に没頭し、向き合うための時間や環境を求めてワーケーションを行うものだ。

先ほどの整理で挙げた「趣味人モデル」「コミュニティ・モデル」のように、地域で自分のやりたい活動を行ったり、過ごしたりしながら仕事をし、スクリーンに向かってウェブ会議な

	一人、集中	グループ、コミュニケーション
On Screen ＝ギャップ	**作業** 執筆、資料作成など	**交信** メール対応、ウェブ会議など
Off Screen ＝浸る	**思索** 読書、構想など	**交流** チームでの開発会議、 地域との交流など

図24　スクリーンのオン／オフ×一人／複数の四分類

ど、グループでのコミュニケーションをすることは「交信」と位置づけられるだろう。

一方で、ワーケーションは、普段使用しているスマホやＰＣなどスクリーンから離れて、一時的な環境に浸ることに価値があるという見方もできる。スクリーンから離れ、一人で読書や構想を練ることなどに集中するワーケーションは「思索」と言える。これは先ほど挙げた「文豪モデル」と同様である。

スクリーンから離れ、チームのメンバーや地域の人たちと「交流」することも、ワーケーションで想定される活動の一つである。これは「合宿モデル」「コミュニティ・モデル」を含んだ活動と言えるだろう。

企業や地域がワーケーションを事業化、制度化しようとするなかで、どのようなイメージで、どのようにつくるのかという議論が噛み合っていないことも多い。その理由は、これらの分類で示したようなワーケーションや、そこでの過ごし方を整理することなく、一括りにしているところにある。

地域、企業、ワーカーそれぞれが得られるメリット

日本型ワーケーションを推進するプレイヤーは、地域、企業、ワーカーの三者であり、特に地域、企業が積極的に推進、拡大させようとしているところが特徴になっている。この三者はそれぞれどのように関係しているのか整理しよう（図25参照）。

まず、地域は企業に対して、地方創生のための誘致や投資、地元産業への貢献をしてもらうことを、ワーカーに対しては、関係人口（やその先の移住）になることを期待している。そのために、ワーケーションの候補地・実践する場所として選んでもらうために、地域の観光資源、コワーキング・スペースやホテル、アパートメントなどの施設整備、行政やＤＭＯ（観光地域づくり法人）、地元企業などの推進主体を整備することが求められる。

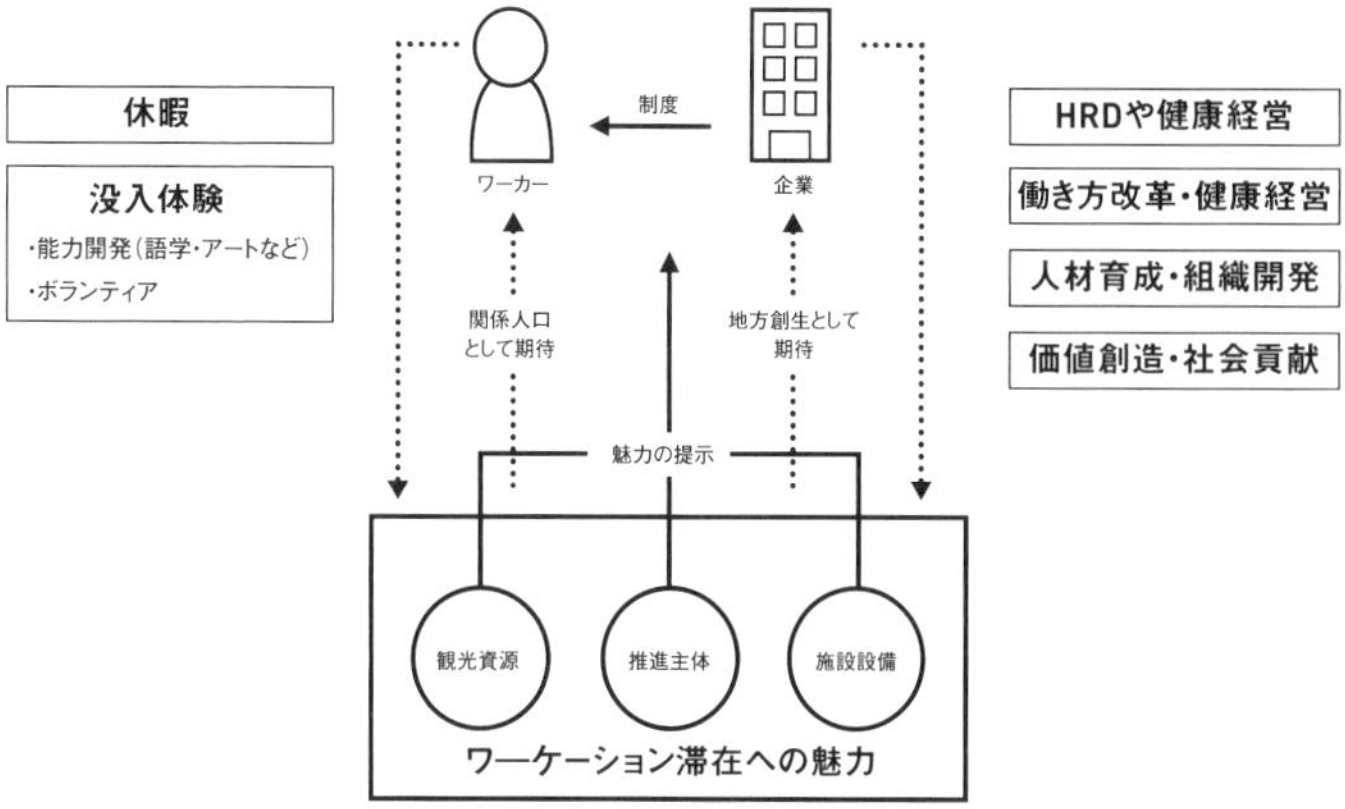

図25　日本型ワーケーションにおける地域・企業・ワーカーの相互関係

企業は社員が地域で働くことに対して、有給消化を目指した福利厚生や労務管理など、働き方改革や健康経営の一環としてのメリットを見出し、人材育成、組織開発などの施策に活用したり、SDGsを含めた価値創造や社会貢献を期待したりできる。ワーカーに対しては、制度として整備することで活用してもらうことを目指す。

ワーカーは身体を休めてリフレッシュしたり、家族との時間を取ったり、趣味やボランティア、スキル習得などの体験をしたりすることを期待する。例えば、サーフィンが趣味の人を考えると、日帰りでも楽しめるが、良い波を待つために数日滞在したいと思うだろう。特にオーロラを見たい、ウミガメの産卵を見たいなど、自然のアクティビティは、行ったその日に、経験できるかどうかがわからないため、長期滞在するワーケーションと相性が良い。

それでは具体的に、どのような動きがあったのか見ていこう。まず地域のワーケーションに対する動きはどのようなものか。

日本において自治体としてワーケーションという言葉を使用し、実践し始めたのは和歌山県である。和歌山県は、それ以前からテレワーク、リモートワークの誘致を積極的に進めてきた歴史がある。

例えば、海水浴を中心とした観光地である和歌山県白浜町は、二〇一五年度から総務省が実施した「ふるさとテレワーク推進のための地域実証事業」に参加し、それ以前に誘致企業が撤退し、空室となっていたサテライトオフィスを整備したり、新たに企業誘致を行った。単にオフィスから離れて働くという機能を整備するだけではなく、そこで働く人と地域の人々との交流や、地域での観光・休暇を楽しむことも含めて支援した。その結果、企業が継続的にサテライトオフィスを利用するようになり、移住者も増えていった。

和歌山県は二〇一七年から、こうした支援をワーケーションとして県外に向けてＰＲしていくことを決定し、企業や希望者に対して複数回にわたって体験会を実施し、二〇一七年、二〇一八年の二年間で、延べ四九社五六七人が和歌山県でワーケーションを体験した。

長野県ではワーケーションという言葉ではないが、二〇一八年から、「リゾートテレワーク拠点整備事業」として軽井沢町、信濃町、佐久市、白馬村などの地域で、テレワーク環境を整備する事業を推進しており、それぞれの地域のコワーキング・スペースや施設が整備され、アライアンスが組まれている。近年では、ワーケーションに関連した新たな施設も開設されている。例えば、二〇一九年五月には信濃町ノマドワークセンターが設立された。この施設は個人ではなく、法人向け貸切型リゾートオフィスであることが特徴だ。

和歌山県、長野県をはじめ、日本の各地域でのワーケーションを推進する流れが合流し、二〇一九年七月に、四〇の自治体、関連省庁、企業によるイベント「ワーケーション・スタートアップ！」が開催された。同年一一月には、和歌山県、長野県が中心となり、「WAJ（Workation Alliance Japan）：ワーケーション自治体協議会」が設立され、六五の自治体が参加した。二〇二〇年一二月の時点で、参加自治体は一五〇団体を超すまで増加している。

ワーケーションを推進する地域での動きは、

①企業と連携しワーケーションのための施設や活動を誘致する

②地域が単独でワーケーションのための施設や活動を展開し、そこにワーカーが単独で参画する

に区分される。

企業においては、ワーケーションとの関わりは大きく二つに分けられる。一つは、その企業における働き方改革の一環として導入するものである。それと関連して、ＢＣＰや有給休暇取得、健康経営などの労務管理、あるいはチームビルディングや人材育成、開発合宿などのＨＲＤの一環として、人や組織に関わる施策としても捉えられる。

もう一つは、ワーケーションをその企業の新たなビジネスを展開する機会として捉えるものである。

前者について見ていこう。ＪＡＬ（日本航空）では、二〇一五年度からワークスタイル変革を推進し、総労働時間を削減することが経営上の目標として位置づけられた。社員が長期休暇を確保しつつ、その期間においてもチーム業務が中断されずにテレワークで進めることができる施策として、二〇一七年から「ワーケーション制度」を取り入れている。

二〇一七年に和歌山県白浜町で社員によるワーケーションの体験ツアーを実施し、二〇一八年には同社内におけるワーケーション関連の動きが本格化した。組織ごとにさまざまな地域で集中的にディスカッションをする合宿を行ったり、勤怠管理システムに「ワーケーション勤務」を選択項目として設定したり、各地域から遠隔での役員会を開催したりするなど、さまざまな実践を展開した。

同年に社内イントラネットに開設したワーケーションの説明サイトには、開設後四ヶ月で約一八〇〇件のアクセスがあったことなど、社内でのワーケーションへの理解が徐々に浸透したことが示される。

こうした実験的な試みと並行して、ワーケーションの効果検証や地域との連携を探るために、二〇一八年に鹿児島県徳之島町と富士ゼロックス鹿児島が主催するコワーキング・スペースを活用した「徳之島ワーケーション実証事業」にも参画した。

一連の実践や施策の結果、ＪＡＬグループ全体でテレワーク、ワーケーションの実施者は、二〇一五年の二六二八人から二〇一八年には二万人を超すまでに増加した。さらに二〇一九年からは、出張に休暇を足すブリージャー制度も導入された。二〇二〇年にはコロナ禍の状況を踏まえ、ＪＡＬの社員が地域を訪れて社会貢献活動に参加することで、地域の関係人口創出や労働力向上による地域活性化について考える、地域共創型の「New Normalな新しいワークスタイル」の実証実験を開始した。

ユニリーバ・ジャパンは、二〇一六年から導入している働く場所・時間を社員が自由に選べる「ＷＡＡ（Work from Anywhere and Anytime）」を展開させ、二〇一九年から「地域 de ＷＡＡ」を導入している。これらの取り組みはテレワークを行う地域と連携することで、働き方改革に加えて、シナジー効果で価値創造を目指すものである。

後者の新規ビジネス創出についてはどうか。前述の「ワーケーション・スタートアップ！」では、協力企業として日本能率協会マネジメントセンター、三菱地所、ＮＥＣソリューションイノベータ、ＪＡＬ、ＮＴＴコミュニケーションズ、ＮＴＴドコモ、東京急行電鉄株式会社・伊豆急ホールディングス（当時）、Ｊ＆Ｊ事業創造の八社が参加した。これらの企業グループは、いずれも自社の社員たちへのワーケーション導入に関心があることも確かであるが、同時に自分たちの持つアセットを活かした新規ビジネスとして、ワーケーションの推進や参画を目指している。

例えば、東京急行電鉄株式会社・伊豆急ホールディングス、Ｊ＆Ｊ事業創造、日本航空のビジネスは、移動や宿泊、レジャーなど観光産業と密接に結びついている。そのため、ワーケーションを観光の一つの形態として、需要を掘り起こすことを目指している。

ＮＥＣソリューションイノベータ、ＮＴＴコミュニケーションズ、ＮＴＴドコモは、ＩＴ企業だ。ワーケーションによって、テレワーク、リモートワークなどが普及していくなかで、データ保存やリモートアクセスなど、通信・クラウドシステムの領域で新たな需要を期待している。例えば、ＮＴＴコミュニケーションズは二〇一九年、長野県軽井沢町にワーケーションを体験できるコワーキング・スペースとして、「ハナレ軽井沢」を開設した。そこでは同社のテレワークシステムを提供しつつ、実証実験も行っている。

三菱地所は不動産業であるが、地域でワーケーションに活用できる施設の開発を新規ビジネスとして進めている。二〇一九年にワーケーション施設「ワーケーションサイト（WORK×ation Site）」を和歌山県白浜町に設立し、二〇二〇年には軽井沢にもオープンさせた。

主に研修など、人材開発をビジネスの主力としている日本能率協会マネジメントセンターは、ワーケーションにおいて行う人材・組織開発のための研修やアクティビティをワーケーション導入企業や地域に向けて提供し、コンサルティングすることを新規ビジネスとして立ち上げることを目指している。

ANA（全日本空輸）は二〇一八年から、「ANAシェア旅」としてシェアリング・エコノミーを活用した旅のあり方を探ったり、二〇二〇年一月には関係人口創出、地域活性化を目指した航空券サブスクリプションサービスの実証実験を行った。さらに二〇二〇年一一月には、企業や働き手を地域へ誘客することを目的とした「ANAふるさと発見プログラム」を展開している。

パソナグループ、積水ハウス、マリオット・インターナショナルが全国の道の駅を拠点に行う「ワーケーションプログラム」も、こうした事例として挙げられるだろう。

これらを踏まえると、企業のワーケーションへの関与としては、

①その企業の人事や労務管理制度としてワーケーションが位置づけられ、社員が参加し、かつ、その企業のビジネスにおいても新たな事業として展開・支援する

②その企業の人事や労務管理制度としてワーケーションが位置づけられ、社員が参加しているが、ビジネス面では特に展開・支援していない

③その企業のビジネス面で展開・支援するが、人事や労務管理制度としてワーケーションは位置づけられておらず、制度がなく社員は参加していない

という三つに区分される。

「三方良し」を実現した企業・地域の導入事例

ワーカーが有給休暇取得のために滞在するだけではなく、企業と地域とが連携しながら価値を見出しうる「コミュニティ・モデル」のワーケーションとは、具体的にどのようなものがありうるのか。ここではヌーラボが北海道の東川町で展開している事例を、筆者の二〇二〇年の

調査に基づきながら紹介し、その可能性を考えていこう。

第二章でも触れたヌーラボは、リゾートワーク制度という制度も導入している。二〇一八年にスタートしたリゾートワーク制度は、会社が指定する「宮古島」で社員が一時的なリモートワークをすることに対して一律の手当を支給するものだ。家族の同伴も認められている。

宮古島では、単にリモートで働くだけではなく、期間中に現地の学校で授業（講演）を担当すること、自分自身が何かしらのスキルや経験を学ぶこと、が求められる。希望者はこれらをエントリーシートにまとめたうえで提出し、人事はそれによって選抜する。

リゾートワーク制度を導入した背景には、社内調査で示された研修についての課題がある。中途採用のＩＴエンジニアが社員の中心を占めるヌーラボでは、社員それぞれで学びたいこと、スキルに対して求めることが異なっており、一律の研修には限界があった。

人事担当マネージャーによると、人事としてこのような状況に対して「学ぶコンテンツ」ではなく「学びの場」を設けることで、社員の成長を促すことを目指したという。また、ＣＥＯの橋本は筆者がインタビューをした際に、リゾートワーク制度について「人は教えるときに内面を見る必要があります。そこがパーフェクトではなく、シリアスに働くという会社のコンセプトに合っていました」と、現地の学校教育と連携するところがポイントであると言っていた。

このように、リゾートワーク制度は必ずしもワーケーションのわかりやすい事例とは言い切れない。会社によって制度化され、希望者が全員行けるわけではなく、人事による選抜があるという点、リモートワークをするのはヌーラボと連携した特定の地域であり、その地域での授業の実施と実施後のレポートやブログ執筆とがセットになっている点、などが特徴であるためだ。

日本において企業、地域を主体としてワーケーションを推進しようとした場合、**社員の裁量に任せるのではなく、ヌーラボのように（特定の）地域と連携し、企業における人事制度として導入するというように、「道筋」をある程度設定するほうが、マネジメント層にとっても、地域にとっても、実行する社員にとっても、実行のハードルは下がる**だろう。

ヌーラボは二〇一九年からリゾートワーク制度の実施対象地域として、宮古島に加え北海道の東川町とも連携をスタートさせた。東川町は、北海道旭川市に隣接する町である。人口減少に苦しんでいたが、写真文化、美しい景観や住みやすい環境に魅力を感じた人々による、クラフトや食などを中心とした小さな経済圏をうまく循環させることに成功し、これらの仕事に携わる移住者が増加した。

さらに、二〇〇九年からスタートしていた海外からの短期留学生の受け入れ事業を本格化させ、東アジア諸国を中心に約五〇〇人が東川町で学ぶようになった。

その結果、東川町の人口は過去二〇年で一四％以上増加した。これら一連の文化や町民参加の町づくりは「東川スタイル」と呼ばれ、町役場には「東川スタイル課」が設立された。今では東川町は、地方創生を目指す日本の他の地域から大きな注目を集めている。

東川スタイル課職員によると、東川町が目指すのは過疎でも過剰でもない持続可能な「適疎」のまちづくりであり、そのために移住者・観光客を過剰に呼び込むのではなく、適度な人数を保つことを目指している、という。

一方で、「適疎」を目指すのであれば、住民以外の財源の確保も課題となる。その対応の一つとして、「ひがしかわ株主制度」がある。ひがしかわ株主制度は、ふるさと納税を活用し、寄付を投資、寄付者を株主、返礼品を株主優待、と便宜上位置づける。自治体から寄付者への返礼品を提供するだけではなく、町が提案するプロジェクトのなかから「投資」したい事業を選び、そこに「株主」としてまちづくりに参加してもらうことで、関係人口（東川町では応援人口と呼んでいる）として東川町に継続的に関わり、地域を育成していくという循環を目指している。

二〇一七年には株主数が約二万三〇〇〇人、投資額が約二億三〇〇〇万円であったのが、二〇一八年度には株主数約三万九〇〇〇人、投資額約四億円となり、投資額で見ると七三％もの伸びを示した。

また、関係人口を拡大するために、二〇一九年一月より企業との連携を目指した東川オフィシャルパートナー制度をスタートさせた。東川町は企業パートナーに対し、企業からの視察だけではなく、社員の福利厚生やサテライトオフィスの提供を行い、受け入れる。一方、企業は東川町のまちづくりに対して、ひがしかわ株主制度をはじめ積極的にサポートを行う。

二〇一九年の時点で、ヌーラボをはじめ、キヤノンマーケティングジャパンやセブン銀行など六社が参画しており、そのなかで留学生との多文化共生ワークショップやリゾートオフィスなど、ワーケーションに関わる取り組みも展開されている。

それではヌーラボでリゾートワーク制度を利用したワーカーは、どのように滞在しているのか。日中の勤務は、東川町の複合交流施設「せんとぴゅあ」の一室に、モバイルPCを持ち込んで行うことが多い。この施設は元小学校の校舎を改装した施設であり、町立日本語学校やギャラリー、コミュニティホールとして利用されていたが、二〇一八年からは新たに、図書館、大雪山関連資料や写真のコレクションなどを一般に開放した文化施設も増設された。

宿泊は通常のホテルなどの宿泊施設ではなく、「東川暮らし体験館」という警察官の宿舎だった建物をリフォームした施設を利用していた。この施設での宿泊は、前述したひがしかわ株主制度による「返礼品」でもあり、東川町でリゾートワーク制度のようなやり方が広がることで、東川町にとってはひがしかわ株主制度（ふるさと納税）の拡大も期待できる。

前述したように、ヌーラボのリゾートワーク制度では、社員がその地域の学校において出張授業を行うことになっている。東川町では、日本語学校での授業を行った。

二〇二〇年一月の調査時には、エンジニア社員は「プロジェクトマネジメント」、また人事担当者は「ＩＴ業界」「日本で働くということ」をテーマに、それぞれ一五名ほどの留学生を対象に授業を行った。こうした自分の行っている業務がどういったものなのかを伝える経験は、単にボランティアとして授業を行うだけではなく、自分の業務やキャリアを振り返る「棚卸し」になっている。

東川町の日本語学校の生徒たちは、日本で働くという目的を持っているため、その生徒たちがどのような関心を持っているか、どんなことに疑問を抱いているかを知ることは、海外にも拠点があり、海外の人と一緒に働くことも多いヌーラボの社員にとって、気づきが多いもので、ヌーラボの組織開発にも有益なものとなっている。こうした活動は、日本語学校や東川の地域にとっても貴重な機会でもある。

ヌーラボと東川町のワーケーションは、ワーカー、企業、地域それぞれにとって、刺激やメリットになる「三方良し」であると言えるだろう。東川町は写真やクラフト、アウトドア、居心地の良いカフェやレストランなど、長期滞在もできる観光資源、いわば「ワーケーション資源」を整備しつつ、行政や日本語学校が推進主体となって、「せんとぴゅあ」や「東川暮らし体験館」などの施設も活用する。

ヌーラボは社員が東川町で滞在し、日本語学校で活動する体験を、組織開発や人材育成に活かしつつ、パートナーとして自分たちの事業内容を伝えるPRや営業活動にもなる。その社員も、仕事をしつつ、仕事の前後は休暇的な環境で身体を休めたり、刺激を得たりする。

こうした**「三方良し」が、ワーケーションのデザイン、実践を行う際のポイントになる**だろう。ただし、東川町でのヌーラボのリゾートワーク制度は、まだ始まったばかりであり、人数の規模も一～二名と小規模で、今後規模を大きくすることができるか、また「適疎」を目指す東川町で規模が大きくなったときに、同じような効果が得られるかは検討が必要である。

もちろん、ヌーラボと東川町の事例は、かなりつくりこまれたものである。ここまでしっかりとデザインされていなくとも、社員が地域に一定期間滞在するなかで、さまざまな活動に参加したり、巻き込まれたりすることもあるだろう。

それを受け止め、許容し、見守るなかで、制度や活動としてのワーケーションを育てていく、あるいは育っていく余白を持つ「ゆるさ」が、ワーケーションによる生産性向上を測定するよりも先行することが重要だろう。それが結果的に導入のコストを下げたり、生産性や満足度、健康度、あるいは地域における関係人口や観光業の振興といった成果にもつながっていくだろう。

「スタイル共同体」かつ「実践共同体」である日本型ワーケーション

ワーケーションのより踏み込んだメリットについても考察してみよう。筆者は二〇一五年前後から、海外を中心にコワーキング・スペースとワーケーションについて継続的にフィールドワークを行ってきた。バリ島やスペインのタリファなど、海外のワーケーション調査で発見したのは、「スタイル共同体」と言えるコミュニティである。スタイル共同体は、「実践共同体」と対比させる形でつくった筆者の造語だ。

実践共同体とは、ジャン・レイブとエティエンヌ・ウェンガーが提唱した概念で、企業などにおいて部署や組織の枠を超えて問題を解決するために、スキルや知識を持った人たちが集まるコミュニティを指す。また、そのなかで参加者が学びながら、新参者から徐々に中核のメンバーへとなっていくプロセスを「正統的周辺参加」と呼ぶ。都心部にあるコワーキング・スペースなどでは、こうした実践共同体、正統的周辺参加のプロセスを観察することができる。

一方で、海外のワーケーションで見られたのは、こうした実践共同体でも正統的周辺参加でもなかった。なぜなら彼ら彼女らは、長期滞在とはいえ、一週間や一ヶ月などの単位で動いていくデジタル・ノマドたちで、メンバーが入れ替わり立ち替わりになることがほとんどだからだ。

デジタル・ノマドたちは孤独を感じ、コミュニティに参加したいという欲求もある。そこで滞在している宿やコワーキング・スペースなどでは、エフェメラル（仮の、一時的な）なコミュニティが形成される。そこでは知識やスキルを交換するというよりも、デジタル・ノマドとしてのワークスタイルやライフスタイルが語られ、共感される。その意味で、実践共同体が問題解決のための「井戸的」なものだとすると、スタイル共同体は「焚き火的」なコミュニティなのである。

こうした分析は海外のワーケーションでの事例を基にしているが、日本でもありうるだろう。ただし日本との比較で言えば、海外でのワーケーションには、その地域との交流やそこでの社会課題解決が目指されるケースはあまり見かけない。一方の日本型ワーケーションは、前述した「コミュニティ・モデル」のように、地域の人たちとの交流や連携、その地域にある社会課題解決を目指す活動があったり、期待されたりする点が海外と異なる。

例えば、二〇二〇年七月からパソナＪＯＢ ＨＵＢは、日本航空やＡＮＡホールディングスなど、全国二一のパートナー企業と全国三三地域とを連携した「ジョブハブワーケーション（JOB HUB WORKATION）」をスタートさせ、ワーケーションプログラムの開発や、地方企業と都市部の人材をマッチングする事業を展開している。

日本型ワーケーションで形成されるコミュニティは、スタイル共同体でもありながら、地域の人が入ったり、社会課題の解決を目指すという点で、実践共同体でもある独自のものになりうる。それはＳＤＧｓやエシカル、サーキュラー・エコノミーなどが注目される潮流のなかで、企業、地域、ワーカーそれぞれがイノベーションを生み出す土壌になるかもしれない。

ワーケーションを日本的に解釈した日本型ワーケーションは、世界的に発信しうるモデルになる可能性もある。

ワーケーション2・0に向けた「三つのH」

ここまで見てきたように、二〇二〇年はコロナ禍をきっかけとして、ワーケーションの地域、企業への拡大は加速した。二〇二〇年一〇月には、日本経済団体連合会、日本観光振興協会、ワーケーション自治体協議会による「ワーケーション推進プロジェクト」として、全国的なワーケーションの推進に向けたモデル事業に取り組むことが発表され、いくつかの地域でモニターツアーとして「TRY！ワーケーション」が実施されることになった。

さらに一二月には、観光庁でワーケーション・ブレジャーの普及・促進を目指す「新たな旅のスタイル」に関する検討委員会が立ち上がった。宮城ワーケーション協議会（二〇二〇年九月）、香川ワーケーション協議会（二〇二〇年一一月）など、各地域においてもワーケーションに関する協議会設立の動きが見られる。

このように、ワーケーションを軸にした取り組みは、省庁、地方自治体、DMO（観光地域づくり法人）を含めて、さまざまなレベルで広がっていると言える。今後も各地域がそれぞれ関係人口の創出を目的として、ワーケーションを打ち出していくだろう。そのなかで各地域が関係人口を獲得し合う「競争」ではなく、それぞれの地域の特色を活かした「共創」にしていくためには、地域においてワーケーションの捉え方、デザインをアップデートしていくことが求められる。

現状はワーケーション1・0と言える。ワーケーション1・0において、ワーケーションはコロナ禍で落ち込んだ観光の代替・穴埋めとして捉えられ、やってくるワーカーは単発・短期間の滞在の観光客・交流人口であり、地域からは消費する人と捉えられる。

企業やワーカーの視点からは、生産性の向上や効率化が目指される。そこで行われるモニターツアーやプログラムは、行政が「指揮者」となって観光産業関係者がそれぞれ機能することを求めるオーケストラ的に形成されたものである。

では、ワーケーション2・0はどういったものか。ワーケーションでやってくるワーカーが、継続的に来訪・滞在しながら、地域との交流から一歩踏み込んで価値創造や刺激を得ることを期待する。そうなると、地域にとって企業やワーカーはパートナーであり、だからこそ関係人口として期待ができるのだ。

ワーケーション2・0では、そこにある課題、資源を活かしながら、それぞれのプレイヤーが自分の持ち味を活かしつつ、即興で行うジャズ的な形成のされ方が探られるべきであろう。

これらを踏まえると、観光は再定義される。レクリエーションの持つ気晴らし、娯楽という意味は、文字通り「再創造（Re-Creation）」を語源としている。すなわち、ワーケーション2・0において、気晴らし、娯楽だけでなく、人が地域に滞在することの意味、観光のあり方を再創造するという姿勢が重要になる（図26参照）。

ワーケーション1・0から2・0へとアップデートするために、地域において何が必要か。これまでは地域の施設における電源やWi-Fi環境など、「仕事ができる環境整備」が重視されていたが、今後はパートナーとなる企業におけるワークフローを含めたDXに積極的に関与したり、企業・地域双方にとって交流だけではなく、どのような価値創造が可能かをパートナーとしてともに議論していく必要があるだろう。

ビジネスにおいても、SDGsやソーシャル・イノベーションなど、地域と連携することで拡大・加速する領域は少なくない。そういった意味で、**地域がワーケーションにおいて提供すべきは、「関わりしろ」であり、探すべきは「面白がれる人」**である。

社会課題など、面白い「関わりしろ」を設計できれば、それは企業、ワーカーを惹きつける何よりの資源になる。逆に地域や企業で「面白がれる人」を発見できれば、彼ら彼女らはその地域の魅力ある「関わりしろ」を資源として発掘してくれる。

完成されたホスピタリティは、受動的な経験になりがちであり、それは参加者の高い関与には必ずしも結びつかない。多少粗削りであっても「関わりしろ」こそが、参加者の地域への関与を高め、関係人口の創出につながることが期待できる。

リチャード・フロリダ(二〇〇八)は、イノベーション、クリエイティブが盛んな都市に、人材(Talent)、テクノロジー(Technology)、寛容さ(Tolerance)の「三つのT」が備わっていることを指摘した。これになぞらえると、ワーケーションを推進する地域が備えるべきは、「三つのH」である(図27参照)。

いわゆる優秀とされている専門家、技術者というよりも、先ほどの「面白がれる人」も含めて何か突拍子もないことをしたがり、評価に困る変人(Henjin)。テクノロジーを開発するだけではなく、それを実際に使ったり、運用したりしながら、サービスにまで落とし込む、ある

	ワーケーション1.0	ワーケーション2.0
Recreation	気晴らし、娯楽、レジャー	Re-creation（再創造）
観光	代替・穴埋め	再定義
ワーカー	観光客（交流人口）	関係人口
滞在	単発・短期間	継続的・（比較的）長期
接し方	消費する人	パートナー
仕事において	生産性向上	新規ビジネス・刺激
地域との関係	交流	価値創造
形成のされ方	オーケストラ	ジャズ

図26　ワーケーション1.0と2.0の比較

Creative Cityに備わる三つのT

Talent（人材）
優秀な人材

Technology（技術）
テクノロジーの開発・集積

Tolerance（寛容）
すでにある自分を維持しながら、
他人を受け入れ、
その存在に我慢すること

▶

Workation Localに備えるべき三つのH

Henjin（変人）
一見、わからない人

Hack（ハック）
テクノロジーの利活用、
ソフト・サービス・活動

Hospitality（歓待）
他人を受け入れることによって、
主と客がともに変容すること

図27　3つのTと3つのH

いは逆に、社会課題に対してテクノロジーを活用して解決を目指するなどのハック（Hack）すること。そして、多様性を認めるという寛容さではなく、多様性を受け入れつつ、自分たちも変容していくという意味での歓待（Hospitality）。

これら「三つのH」を地域が積極的に引き受けることで、都市部にはない魅力を持つことができる。そのことによってワーカーや企業にとっても、ワーケーションは価値が高いもの、さらに言えば必須のものとなる。

プロローグで「自律型人材」育成の重要性について触れた。そこで取りあげた調査で自律型人材を育成するために企業や人事ができることとして、「『自己決定志向』の育成」「『仮説思考』の育成」「自律支援型マネジメント」「自己成長や人生の充実、社会の役に立つ実感の向上」「他社・他部署との連携を必要とする職務設計」が指摘されている。

地域で地元の人々や企業、行政とも交流しながら、社会課題に取り組んだり、価値創造を行ったりする**ワーケーションは、都市部の企業やワーカー、さらに地域の行政、企業にとって、「自律人材」を育成するアプローチとしても有効**であろう。

本当にワーケーションは広まるのか

二〇二〇年夏以降は、さまざまな地域や企業でワーケーションが取り上げられた。例えば、定額制コリビングサービス「HafH」は、JR西日本と連携して「西日本ワーケーション」パッケージを販売した。「西日本ワーケーション」は、広島~福岡と和歌山県白浜とで、ワーケーションを行う旅行プランである。新幹線を含む移動費が約半額になり、副業、地域コミュニティとの交流などが提供される。

ホテルなどの宿泊施設でも、ワーケーションプランやワーケーション向けの施設を整備する動きが広がっている。例えば、長野県白馬にある白馬樅の木ホテルは、二〇二〇年八月にホテルの敷地の一部を改装して、「Workation Hakuba」をオープンさせた。敷地にはパブとして利用されるログハウスやツリーハウス、グランピング用のテントなどが、ワークプレイスとして開放されており、足湯も利用できる(図28参照)。

二〇二〇年九月には塩尻と鳥取で、来訪する人に健康状態を入力してもらいながら、地域の人たちと事前交流して知り合うことで、信頼を醸成し、その地域について知ることができる

図28 「Workation Hakuba」の内観（Workation Hakuba公式HPより）

「オンライン通行手形」プロジェクトを小規模ながらスタートさせた。

このように地域やホテル、鉄道・航空会社などは、観光関連ではコロナ禍中、あるいはそれ以降に地域に来てもらうためのきっかけとして、ワーケーションを打ち出して推進する動きを見せている。

しかし一方で、ワーケーションについてはクリアすべき課題や批判もいまだ多くある。ここではそれらを整理してみよう。

一つは、**ワーケーションは誰もができるわけではないし、ワーケーションを推進することでさまざまな分断が可視化される**というものである。

ワーケーションをするのは、その余裕がある豊かな人たち、あるいは職場に行かなくてもよい職種の人たちなど、いわゆる「上級国民」だけが可能であり、ワーケーションのような「余裕のある働き方」をしたくてもできない人たちは多くいる、という批判がある。確かに、テレワーク、リモートワークでワーケーションができる職種とできない職種がある。また技術的には可能であっても、現実的には現場に行かなければならない人もいるだろう。つまり、誰かのワーケーションは、ワーケーションできない人たちによって支えられているとも言えるのだ。

これは、地域と都市部の格差にも当てはまる。ワーケーションを行うのは、主に東京や関西圏など都市部の人たちであり、それを受け入れる地域の人たち自身が、ワーケーションを行うことはない。都心部でのクリエイティブな仕事はリモートで行えるが、逆に地域にある仕事は農水産業や観光業など、その場にいることが前提であり、彼ら彼女らは都心部でワーケーションを行えるわけではないという非対称性が生まれる。

そのため、**ワーケーションの拡大は、収入や職種、元請け下請け、地域と都市などの格差、分断を可視化し、さらにはそれを固定・拡大させてしまう可能性もある**のだ。

例えば、海外旅行はかつては高価なもので、海外旅行ができる人は非常に限られていた。それが二〇世紀末からインターネットで情報を得やすくなり、またＬＣＣなど交通手段も安くなっていくなかで、海外旅行のコストは大きく値下がりした。

これによって、海外に行く層が増えたことは事実であるが、同時に、それでも海外に行かない／行けない人もいるため、かつて以上に海外に行っている人と海外に行かない／行けない人との差が可視化・拡大したとも捉えられる。

ワーケーションは単なる観光というだけではなく、生産性向上やディープ・ワーク、クリエイティブの発揮など、働き方と結びつくことによって、仕事に関する格差も可視化・拡大する可能性がある。ワーケーションをできる層は、ワーケーションを活用することでリラックスしたり、刺激を受けたりして、より健康的にクリエイティブな仕事をするようになると、ワーケーションを実践できない人と差がついてしまう。

そもそもワーカーにとって、それぞれの働き方の柔軟性や多様性の確立を目指したワーケーションが、むしろそれができる人とできない人とを固定化し、豊かなものがますます豊かになる仕組みにもなりかねない。

それは**ワーケーションのコストの負担を誰がするのか、という問題にもつながっている。ワーケーションは仕事と休暇を重ねたものであるので、どちらでもあるし、同時にどちらでもない**のである。

そのため、ワーケーションに関するコストは、ワーカーが休暇や自己投資として個人で出すのか、あるいは福利厚生や人材育成、労働環境整備として会社が負担するのか、そもそもワーケーションはコストなのか投資なのか、なども含めて議論されるべき点である。そこに一様な

「正解」があるわけではないため、企業はワーケーションを自社の戦略のなかでどのように位置づけるのかを、先に検討する必要があるだろう。

もう一つの課題として、**ワーケーションは仕事による休暇・プライベートへの侵食につながる**という懸念もある。

仕事ばかりが中心で、プライベートな生活が侵食されていたという反省から、ワークライフバランスという考えが登場した。ワークライフバランスは、仕事と個人の生活とのバランスを取る、すなわちその両者は別のものであるという前提に立っている。

若者世代にはワークとライフの両者をきちんと区別し、両立させたいという意識は高い。平成三〇年版『子供・若者白書』によると、仕事と家庭・プライベート(私生活)のどちらを優先するかについて、「仕事よりも家庭・プライベート(私生活)を優先する」と回答した比率は六三・七%(男性五八・三%、女性六九・四%)であり、平成二三(二〇一一)年度での同じ設問での五二・九%(男性四七・三%、女性五八・六%)よりも多かった。

すでに述べたようにワーケーションは、ワークとライフを混ぜ合わせ、重ねたものである。本来的には、むしろ仕事よりも趣味や休暇を優先させたものと言えるワークスタイルであるが、確かに家庭・プライベートよりも仕事を優先するスタイルとして運用・実践されていくかもしれないという不安はあるだろう。

それが「休暇できているにもかかわらず、仕事の対応をしなければならないのはイヤだ」とか、「そんな状況では全然休んだ気がしない」といった批判につながっている。また、家族連れのワーケーションは、例えば、結局父親が仕事をずっとしていて、母親が子どもの世話や対応をすることにかかりきりになり、家族の時間を過ごせないし、むしろ母親にとって負担になる状況になりかねない。

企業が地域で仕事をしている状態をワーケーションとして扱うことで、「ブラック労働」の強化につながるという懸念もある。ただし、こうした懸念については、ワーケーションをなくせば解決する課題ではないという点は確認しておく必要があるだろう。

日本型ワーケーションが確保・拡大していくべきなのは、あくまで休暇と仕事をする時間・場所の柔軟性であって、仕事そのものではない。さらに言えば、ワーケーション自体は企業がワーカーに強制すべきものではなく、あくまでワークスタイルやワークプレイスの選択肢の一つとして提供し、機会を確保すべきものであろう。

家族連れではワーケーションが難しいという課題についても、視点を変えて、例えばウミガメの産卵や地域の行事を子どもに見せたり、経験して欲しいので、親がワーケーションをするというような、子ども起点のワーケーションとして、親子ワーケーションの可能性も探られ出している。費用についても、都市部で受験のために塾や習い事にかける金額を考えれば、高いとは言えないかもしれない。

こうした課題がありながらも、アフターコロナのワークスタイルをデザインしていくうえで、ワーカー、企業、地域それぞれにとって、ワーケーションは大きな可能性を持っている。そのためには、先に挙げた「ワークインバケーション」「バケーションアズワーク」「ブリージャー」のワーケーションの分類を参照しながら、ワーケーションを慎重に運用していくことが企業には求められるし、またワーカー、企業、地域それぞれにとって刺激やメリットになる「三方良し」になっているか、全体図を描く、見るコーディネーターを置くことも効果的であろう。

いずれにせよ、日本型ワーケーションは始まったばかりであり、実践を通じて地域、企業だけでなく、私たちワーカー自身もワーケーションとどのように接していくのか、どのように使っていくのかについて、慣れていく助走期間が必要になるだろう。

EPILOGUE

アフターコロナの「ワークスタイル」とは?

ニューノーマルにおけるリモートワークのゆくえ

二〇二〇年のコロナ禍で、私たちは働くことに関する5W1Hを改めて問われることになった。すなわち、私たちは誰が（Who）、いつ（When）、どこで（Where）、何を（What）、どうやって（How）、そしてなぜ（Why）働くのか。

本書ではモバイルメディア、ソーシャルメディアがもたらす世界観の変容を見たうえで、オフィスという空間の意義やワークプレイスのあり方、それに合わせたワークスタイルの変化について見てきた。数ヶ月に及ぶコロナ禍での生活は、私たちのワークプレイス、ワークスタイルに対する当たり前を揺さぶり、テレワーク、リモートワーク、買い物、人と会うことなどを含めて、半ば強制的に「社会実験」となった。

こうした状況下で私たちは、コロナ禍以前の元の様式に戻るというよりも、感染症対応も踏まえたニューノーマルを探っていくべきだろう。そのなかで、私たちのワークスタイルはどうなっていくのか。

今後はオフラインを中心としてオンライン空間を拡張していくというよりも、むしろオンラ

インを中心としてオフラインも含めた経験をつくっていくことに注力していく時期が続くだろう。マーケティング領域などでは「OMO（Online Merges with Offline）」とも言われているが、それが買い物などの購買行動だけではなく、私たちの働き方にも当てはまる。

これまで見たように、リモート・ネイティブたちの世界観はコロナ禍において初めて生まれたのではなく、基本的にはそれまでのモバイルメディア、ソーシャルメディアを中心としたインターネットによる世界観の延長線上にあるものである。ワクチンなどの対策によって新型コロナウイルス感染症が沈静化したとしても、そのベクトル自体は大きく変わるものではない。

主流となるであろう「ハイブリッド」なワークスタイル

これまで日本では、東京への一極集中の状況が続いた。東京あるいは首都圏で起こりやすい「3密」状態は、その結果でもある。金光淳（二〇二〇）は、コロナ禍以降、管理中枢、中央・中心（東京）、人からの社会的距離を取る「3疎」への社会戦略を提唱している。

クリエイティブ層に期待されるオリジナリティやイノベーションには、こうした「3疎」が重要であるという指摘だ。また、環境や健康に関心の高い層など、これまでの東京での密集した生活や働き方とは別のところに価値を見出す人には、地域で生きる／働くという選択肢が魅力的に映るだろう。

実際にコロナ禍によるテレワーク、リモートワークの拡大によって、東京から逗子や鎌倉など近郊の自然・文化的に豊かなところに居を移した人も少なくない。企業でも、パソナは二〇二〇年秋に兵庫県淡路島への本社機能移転を発表した。

このように「3疎」を取り入れたワークスタイル、ライフスタイルは、大多数とはならないかもしれないが、存在感を増していくだろう。

クリエイティブやイノベーションにおいて、都市部の刺激や交流がやはり重要なのか、それとも距離を取ることで生まれる刺激やインスピレーション、集中が重要なのか。健康や子育てにおいても、病院や学校の多い都市部が便利なのか、それとも自然と触れあったり、余裕のあるスペースで生活することが重要なのか。これらは、今後より精緻に検証されるべき領域である。

現時点で考えると、東京から一気に「エクソダス（大量流出）」が起こるとはまだ考えにくい。コロナ禍において東京のオフィス空室率が上がったり、人口流入が減ったというデータは出ているものの、一方で神奈川、千葉、埼玉などへの流入が増えている。すなわち、東京への通勤可能な範囲として見た場合、依然として一極集中は続いていると言える。

現実的に今後、テレワーク、リモートワークを拡大させていくのは、ハイブリッドなワークスタイル、ライフスタイルだろう。具体的には、

①都市部に住みながら定期的に地域に滞在する
②地域に住みながら定期的に都市部に滞在する

これは、**いわば日常と非日常とを往復するスタイルである。なぜなら日常と非日常はその場所や時間に内在的に存在するものではなく、「慣れ」の問題だからである。**

例えば、オフィスはこれまで日常の経験だったが、在宅でのリモートワークが基本となった時期には、非日常を経験しに行くものになった。そのなかで集中することや「焚き火」的な要素が重要になっていくことは、本書でも指摘したとおりである。観光も、これまでは自然や文化に触れるという非日常体験をしに行くものだったが、それは一方で、人間としての日常を取り戻すものとも言えるかもしれない。ワーケーションは、イノベーションのためには「よそ者」として、中心的なところから距離を置き続けないといけないというジレンマを解消する可能性を秘めている。

このように考えると、**テレワーク、リモートワークは都市部と地域のどちらかだけで暮らすことを実現するのではなく、双方を行き来しながら日常と非日常を意識するスタイルを実現させるものであると捉えることが重要**だろう。それは例えるなら、0か1かのデジタル的世界から、重ね合わせが成立する量子力学的な世界への移行と言える。

「集まる／離れる」×「移動する／留まる」で分類できる四つの活動モード

アフターコロナにおいて、リモートと対面、都市と地域とのハイブリッドなワークスタイルが展開するなかで、私たちはオフィスに集まって働く以外に、どのような活動モードを取りうるのか。

「Gathering（集まる）」と「Leaving（離れる）」、そして「Hopping（移動する）」と「Staying（留まる）」を、取り組む仕事や自分の環境に合わせて使い分けながら整理できる（図29参照）。

対面で集まる「Gathering」を軸に見てみよう。

「Gathering×Hopping」は、移動して対面する活動モードである。オフィスやイベントで

	Hopping	Staying
Gathering	オフィスやイベントでの作業や活動、雑談など	オンラインで集まるウェブ会議、地元のコミュニティ活動など
Leaving	快適な場所・空間での作業や集中、イノベーションにつながる作業や集中など	移動時間がないことでの効率化、快適な場所・環境での作業や集中など

図29　移動／滞留と集合／離散による四分類

チームが打ち合わせしたり、作業したり、雑談したりする活動を指す。これまでのオフィスに通勤して働くこともこれに含まれるが、アフターコロナにおいては、「焚き火」的オフィスとして目指されるようなものが、これにあたるだろう。

「Gathering×Staying」は、移動しないことで生まれる対面のモードである。例えば、オンラインでの打ち合わせや会議などにデジタル上で集まれることで、通勤の負担が減り、その時間にＰＴＡやマンションの管理組合の活動など、地元のコミュニティに参加することが可能になる。これまで、そうした活動が不活発になっていたのは、そのための時間が捻出できなかったことが一因だろう。

では、対面ではなく距離を取って一人になる

「Leaving」を中心に見るとどうなるか。

「Leaving×Hopping」は、一人で集中したり、快適に作業したりする活動モードである。自宅では家族がいて場所が確保できず、なかなか集中できない環境だったり、機器やファシリティが整っていなかったりで、都心のオフィスや近くのカフェ、サテライトオフィスなどを利用することもあるだろう。本書で紹介した、集中に特化したＪＩＮＳのThink Labのような場所や、ワーケーションで山や海辺に行って「こもる」こともこれにあたるだろう。

「Leaving×Staying」は、自宅から動かなくてよいために移動時間がない。そのため、子育てや介護などに時間を使うことができる。コロナ禍などの感染症、台風や地震のような災害などをやり過ごせるため、企業にとってのＢＣＰを確保することにもなる。

私たちは、これらの活動モードを切り替えたり、組み合わせたり、ときには重ねたりして、それぞれのワークスタイルをデザインしていくようになるだろう。そのなかでモバイルメディア、ソーシャルメディアを中心としたオンラインが果たす役割は大きい。

逆に言えば、先ほど見た四つの要素は、どれもモバイルメディア、オンラインが生み出した活動モードと言える。例えば、自宅で仕事ができる、あるいはどこかに移動して仕事ができるということは、ＰＣとインターネット環境が整備されていることが前提となっている。自宅内でもモバイルＰＣがあれば、仕事用の部屋をそのために作らなくても、キッチンやリビング、ベランダなどでも仕事ができる。つまり、**モバイルメディア（とインターネット環境）は、移動できるのと同時に、他の機能を持った場所を働く場所へと作り変えることができる**のだ。

企業にとっては、ＷＦＸのようなワークスタイルが混在することを前提とした働き方や制度、活動をデザインしていくことが求められるだろう。

近年、注目されているＤＸも、こうした視点から捉えることができる。二〇二〇年に出された経済産業省による「ＤＸレポート２ 中間とりまとめ」では、二〇一八年に出されたレポートによって「ＤＸ＝レガシーシステムの刷新」と解釈されたのは誤解であり、本質は「事業環境の変化へ迅速に適応する能力を身につけると同時に、その中で企業文化（固定観念）を変革（レガシー企業文化からの脱却）することである」としている。またＤＸは、ＳＤＧｓなどの価値観や生活スタイルの変容とコインの裏表でもある。

企業にとってこれらを整備、実践することは、単に負担や義務といった支払うべきコストではなく、これまでのビジネスの行き詰まりを打ち破り、新たな領域を生み出すチャンスへの投資である。

ワークスタイルの方向性を見出すための「三つのS」

アフターコロナでは活動モードを切り替えたり、重ねたりすることが可能になると指摘した。しかし、自分のワークスタイルのデザインとしては、活動モードの「組み合わせ」だけでは不十分である。それに加えて、どのような価値観に基づいて、どこに向かっていくのかという「方向性」があって、初めて自分のワークスタイルが表せる。

ここでは自分の現在のワークスタイルはどうか、自分の方向性に合ったワークスタイルをどのようにデザインするかをチェックしたり、指針をつくったりする際のヒントとして、「三つのS」を考えてみたい（図30参照）。

一つ目は、「刺激（Stimulate）」である。在宅でテレワークをしたり、自宅周りを散歩したりするなかで、新たな発見がある。オフィスに出勤して同僚と話したり、通勤の途中で仕事のヒントになるようなものに出会ったりする。ワーケーションでも、普段経験しない「非日常」が一つのポイントになることを指摘した。

どれもそれしか手段がないのであれば、代わり映えのしない退屈なものになってしまう。こ

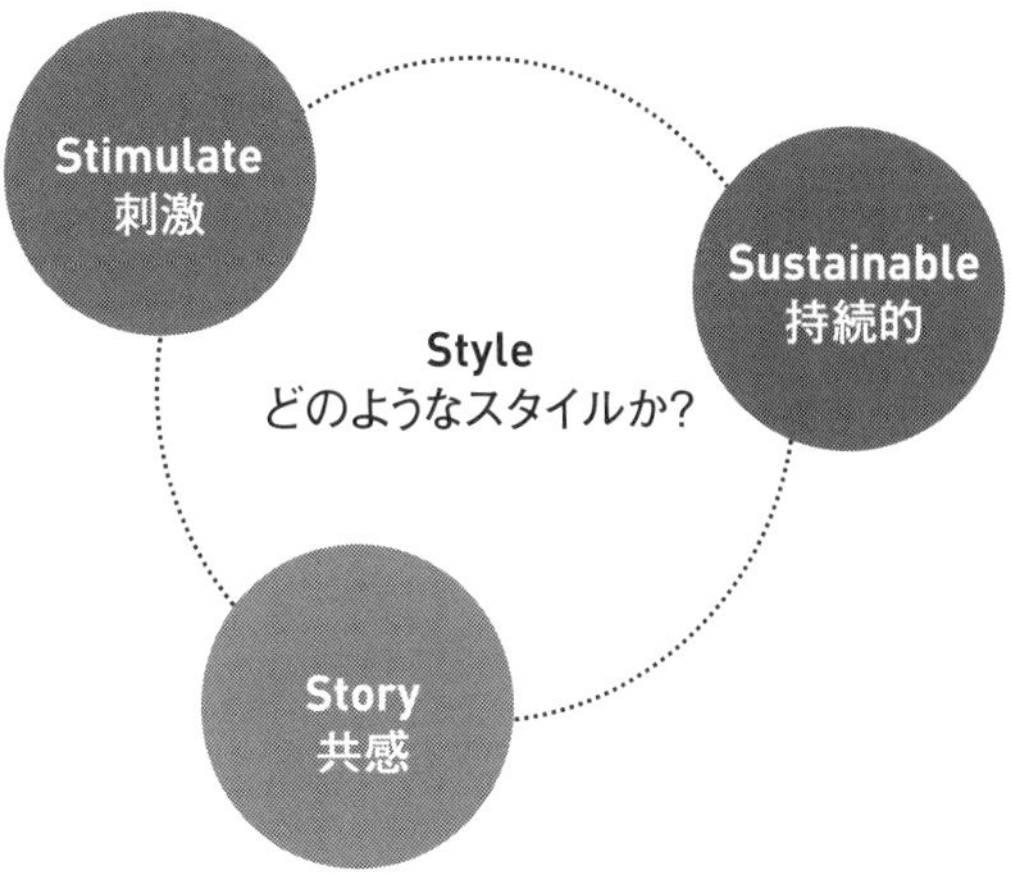

図30　ワークスタイルにとって重要な三つのS

れらを組み合わせることで、日常ではあるが、退屈ではない新たな気づきを得られるようなワークスタイルをデザインすることができる。

二つ目は、「共感（Story）」である。自分のワークスタイルは、家族や地域の人、顧客、所属している企業ややっている仕事、あるいは環境問題や地域の社会課題などへの共感からつくられているか。それは言い換えれば、「やりがい」とも言えるだろう。自分が何に共感しているか。それに応じてどこで、どのように働くべきか、という指針があるかどうかだ。

同時に、自分のワークスタイルについて家族、企業、地域に共感してもらえるようなストーリーをしっかりつくることも重要になるだろう。

三つ目は、「持続性（Sustainable）」である。

それまでも徐々に明らかになりつつあり、そしてコロナ禍ではっきりしたのは、毎日ラッシュのなか、さらには台風でも大雪でもオフィスに通勤する、そして遅くまで残業するという働き方は、持続的ではないということだ。一方で、緊急事態宣言のもとでなんとか乗り切ったが、完全なリモートワーク、テレワークも持続的ではなく、それゆえにオフィスに戻りたいという人も出てきた。

このように、どこでどのように働くことが自分にとって持続的なのか、という視点で考えることは有効だろう。企業や地域においても、実践・導入のための実証実験は重要であるが、持続性のない「打ち上げ花火」的な施策や制度にとどまっていないかは、留意すべきポイントであろう。

「働きたいように働ける」社会へ

二〇一七年のギャラップ社の調査によると、「熱意にあふれる社員（Engaged）」の割合は、アメリカの三二%に対して、日本では六%しかおらず、調査対象の一三九ヶ国中一三二位であった。「熱意のない社員（Not Engaged）」は七一％、「周りの邪魔をする社員（Actively Disengaged）」は二三％であった。つまり、九五％近くがやる気がなかったり、むしろ周りの邪魔をしていることが示された。

組織へのエンゲージメントは、マネジメントや組織文化の課題として捉えられることが多い。一方、二〇一九年のリクルートキャリアによる「働く喜び調査」によると、二〇一三年からの継続調査のなかで働く喜びを感じている割合は、二〇一七年に三六・一％と底を打ち、二〇一九年には四四・五％に上昇していることが示された。そして、働く喜びを感じる対象は、収入よりも快適な環境であったことが示唆されている。

ここで言う「快適な環境」とは、「無理せずに働くことができる」「落ち着いて今の仕事を続けられる」「希望する場所で働けている」などであった。これらのデータからわかるのは、**私たちは働きたくないわけではなく、「働きたいように働けていない」ということである。私たちは、「働きたいように働きたい」のだ。**

これまでの「いつ・どこで」は、多少幅や例外があったとしても、オフィスで九時から五時勤務という勤務体系に代表されるワークスタイルが基本だった。それがテレワーク、リモートワークが広がり、ＷＦＸになると、いつ・どこで働くのかの柔軟性は大幅に高まり、多様性を持つようになる。企業や私たちワーカーは、さまざまなワークプレイスが混在することをデメリットとして捉えるのではなく、メリットとして捉え、それに最適化するワークフローをつくる時代に生きている。

プロローグで参照した上平崇仁（二〇二〇）は、デザインをデザイナーだけにではなく、「ひらいていく」ことの重要性を指摘している。これに従うと、**ワークスタイルは私だけではなく、企業だけでもない、「私たち」がデザインしていくものとして捉えることが重要**である。

企業だけではなく地域まで含めると、ワークスタイルをデザインしていくことは一種のソーシャル・イノベーションとも言える。ソーシャル・イノベーションと一口に言っても、さまざまな定義があるが、若者たちへの社会教育プログラムを提供しているＹＳＩ（Young Social Innovators）は、ソーシャル・イノベーションとは「創造性を発揮して人々のウェルビーイングや社会を改良するための解決方法を生み出す実践」と定義している。

このように捉えると、ワークスタイルをデザインすることは、まさにその対象であり、手段であり、実践となる。

アフターコロナのワークスタイルをデザインすることが、今までのように働けないという課題を乗り越えるのではなく、私たちが働きたいように働ける社会をつくるためのプロセスになる。本書がそのきっかけになれば幸いである。

おわりに

働きたいように働ける社会をつくろう、と締めくくった本書だが、少しだけアフタートークを続けたい。

二〇二一年も緊急事態宣言とともに始まった。今はまだ、アフターコロナと言うには早いようだ。コロナ禍によって、私たちの健康や経済が大きなダメージを受けていることは否めない。しかし、働き方という面にフォーカスすると、筆者の周りでは「変わってしまった」という声とともに、これまでやりたかった、考えていたことが、「加速した」と言う声も少なくない。

これまでいろいろな課題があるとされ、なかなか広がらなかったテレワークも、やってみるとその課題は意外にクリアできた、難しいと思っていただけだったという人、企業もあるのではないだろうか。オンライン化することが難しいと言われてきた領域も、圧力や支援、テクノロジー、そして何よりやってみようという実践が重なることで、できるようになっていくことも多いだろう。

本書でも触れたように、まだテレワークにもさまざまな課題がある。筆者はテレワークを続けていくなかで、テクノロジーの支援や行動変容によって、徐々に適応していくだろうとやや楽観的に考えている。それは大学生が、社会人として働くことに適応していくのと同様だ。最大の課題は、オフィスへの通勤からテレワークへの移行ではなく、選ぶ・組み合わせることができるハイブリッド・ワークへの移行である。その際には、「そもそも私たちはどのように働きたいのか」が鋭く問われるようになる。

私たちは、制約のなかで工夫することに慣れてきた。例えば、「働く」を象徴するものの一つに、スーツがある。スーツという枠のなかで、どのような柄がよいか、ネクタイや靴とどのように合わせるかが、ホワイトカラーのワーカーたちのおしゃれであり、楽しみであり、嗜みであった。しかし、「自由な服装で」と言われたとたんに、まず何を着よう、自分には何が似合うのか、周りに合わせるべきなのか、と考えてしまう。

「働く」も同様で、オフィスに通勤して働くことが決まっていた時代は、その制約のなかでどのように働くのかを考えればよかった。しかし、その制約が大幅にゆるくなってくなかで、私たちはどのように働くことができるのか、働いていくべきなのか、を考えるようになる。つまり、一人ひとりがワーク・スタイリストとして、自分の「おしゃれ」を嗜み、尊重するように、自分のワークスタイルを模索し、実践する。

それが苦しいことではなく、楽しみになる。そんな未来を期待したい。

本書を執筆するにあたり、イースト・プレス編集者の木下さんに伴走いただいたことは、非常に楽しい経験になった。ここで感謝を申し上げたい。同志社女子大学名誉教授の上田信行先生、関西大学の富田英典先生には、折に触れてお話するなかで、デザインやメディアについての貴重なインスピレーションをいただいた。

また、コロナ禍のなかで、働くことやワーケーションについて、幸いにもオカムラ、コクヨ、ワーケーション関連の企業、地方自治体から、多くの発言、執筆機会を得て、自分の問題意識を掘り下げることができた。ゼミの学生は、リモート・ネイティブの存在を感じさせてくれたのと同時に、一緒にそれを深めることができた。これらの機会をいただいた関係者のみなさまに感謝したい。

最後に、これまでにはないくらい家で妻と息子と過ごしながら、本書は完成した。何気ない時間や会話も執筆の励みになったという意味では、本書は家族のチームワークのたまものでもある。よきチームメイトに感謝したい。

二〇二一年二月　　松下慶太

主な参考文献・参考サイト

PROLOGUE

安斎勇樹、塩瀬隆之（二〇二〇）『問いのデザイン――創造的対話のファシリテーション』学芸出版社

宇田川元一（二〇一九）『他者と働く――「わかりあえなさ」から始める組織論』NewsPicksパブリッシング

上平崇仁（二〇二〇）『コ・デザイン――デザインすることをみんなの手に』NTT出版

ロナルド・A・ハイフェッツ、マーティ・リンスキー、アレクサンダー・グラショウ／水上雅人〈訳〉（二〇一七）『最難関のリーダーシップ――変革をやり遂げる意志とスキル』英治出版

パーソル総合研究所「新型コロナウイルス対策によるテレワークへの影響に関する緊急調査」〈https://rc.persol-group.co.jp/research/activity/data/telework-survey4.html〉

パーソルキャリア「リモートワーク・テレワーク企業への転職に関する意識調査」〈https://www.persol-career.co.jp/pressroom/news/research/2020/20200831_01/〉

リクルートマネジメントソリューションズ「自律的に働くことに関する実態調査」〈https://www.recruit-ms.co.jp/issue/inquiry_report/0000000889/〉

CNBC「Google CEO delays office return to next September, but axes idea of permanent remote work」〈https://www.cnbc.com/2020/12/14/google-ceo-email-delays-return-to-sept-2021-no-permanent-remote-work.html〉

CHAPTER 1

天野彬（二〇一九）『SNS変遷史――「いいね！」でつながる社会のゆくえ』イースト新書

岡田朋之、松田美佐〈編〉(二〇一二)『ケータイ社会論』有斐閣
富田英典〈編〉(二〇一六)『ポスト・モバイル社会——セカンドオフラインの時代へ』世界思想社
松下慶太(二〇一九)『モバイルメディア時代の働き方——拡散するオフィス、集うノマドワーカー』勁草書房
ダナ・ボイド/野中モモ〈訳〉(二〇一四)『つながりっぱなしの日常を生きる——ソーシャルメディアが若者にもたらしたもの』草思社
フレデリック・ラルー/鈴木立哉〈訳〉(二〇一八)『ティール組織——マネジメントの常識を覆す次世代型組織の出現』英治出版
マーシャル・マクルーハン/栗原裕、河本仲聖〈訳〉(一九八七)『メディア論——人間の拡張の諸相』みすず書房
蒲生諒太「立命館1000人アンケート」
〈https://sites.google.com/view/education-in-tommorow/survey1000_2?authuser=0〉
総務省「情報通信白書」
〈https://www.soumu.go.jp/johotsusintokei/whitepaper/〉
総務省「情報通信メディアの利用時間と情報行動に関する調査」
〈https://www.soumu.go.jp/iicp/research/results/media_usage-time.html〉
文部科学省「大学等における後期等の授業の実施状況に関する調査」
〈https://www.mext.go.jp/content/20201223-mxt_kouhou01-000004520_01.pdf〉

CHAPTER 2

稲水伸行(二〇〇八)「ノンテリトリアル・オフィス研究の現状と課題」『赤門マネジメントレビュー』七巻八号所収
紺野登・華穎(二〇一二)「知識創造のワークプレイス・デザイン:「ネットワークが職場」時代のイノベーションの場(特集 職場の今)」『日本労働研究雑誌』五四巻所収
南後由和(二〇一八)『ひとり空間の都市論』ちくま新書

藤本憲一（二〇〇三）「『居場所機械（テリトリー・マシン）』としてのケータイと人類：アンチ・ユビキタス宣言！」『現代風俗2003　テリトリー・マシン』所収
牧野智和（二〇一八）「オフィスデザインにおける人間・非人間の配置：「クリエイティブなオフィス」の組み立てとその系譜」『ソシオロゴス』四二巻所収
経済産業省「クリエイティブ・オフィス・レポート1・0――12の知識創造行動とクリエイティブワークプレイス」ニューオフィス推進協会
ジョン・アーリ／吉原直樹、伊藤嘉高〈訳〉（二〇一五）『モビリティーズ――移動の社会学』作品社
マルク・オジェ／中川真知子〈訳〉（二〇一七）『非‐場所――スーパーモダニティの人類学に向けて』水声社
レイ・オルデンバーグ／忠平美幸〈訳〉（二〇一三）『サードプレイス――コミュニティの核になる「とびきり居心地よい場所」』みすず書房
経済産業省「感性価値創造イニシアティブ」
〈http://www.nopa.or.jp/copc/pdf/kansei-honbun.pdf〉
日本テレワーク協会「ワークスタイル変革に資する第三の場（サードワークプレース）活用の可能性」
〈https://www.japan-telework.or.jp/pdf/report2017-02.pdf〉
日本バーチャルリアリティ学会「バーチャルリアリティとは」
〈https://vrsj.org/about/virtualreality/〉
ヴィス「『緊急事態宣言』解除後、進んだテレワークの実態とコロナ時代のオフィスのあり方についてのアンケート」
〈https://designers-office.jp/column/from_vis/staff-blog/page/index.php?id=1037〉
オカムラ「新型コロナウイルス感染症対策としての在宅勤務調査　速報版」
〈https://www.okamura.co.jp/company/wil-be/pdf/202004_FlexibleWorkReport.pdf〉
コクヨ「Work Transformation 転換期における新しい働きかたとオフィスのコンセプト」
〈https://www.kokuyo-furniture.co.jp/contents/wx-concept.html〉

スノーピーク・ビジネスソリューションズ「CAMPING OFFICEとは」
〈https://snowpeak-bs.co.jp/camping_office/outdoor〉
ａｕ損害保険「東京都の「自転車通勤」に新型コロナが与えた影響を調査」
〈https://www.au-sonpo.co.jp/corporate/news/detail-240.html〉
ＣＢＲＥ「コワーキングオフィス——新たな働き方のプラットフォーム」
〈https://www.cbre-propertysearch.jp/article/JapanCoworking_2018/〉
ＫＤＤＩ「緊急事態宣言下でのテレワーク勤務の課題・工夫についての調査」
〈https://news.kddi.com/kddi/business-topic/2020/06/4480.html〉
泉山塁威「コロナショックで失った都市のプレイス！ これからのぼくらの居場所」二〇二〇年五月三日note記事公開
〈https://note.com/ruilouis/n/na2d0de8316c5〉
植原正太郎「これからのオフィス」はどうなる？ リモートワーク前提のチームワークから考える」二〇二〇年五月二五日note記事公開
〈https://note.com/little_shotaro/n/n8035deb93c37〉

CHAPTER 3

越川慎司（二〇二〇）『働く時間は短くして、最高の成果を出し続ける方法』日本実業出版社
本間浩輔、吉澤幸太（二〇二〇）『1 on 1 ミーティング——「対話の質」が組織の強さを決める』ダイヤモンド社
イアン・ゲートリー／黒川由美〈訳〉（二〇一六）『通勤の社会史』太田出版
オカムラ「新型コロナウイルス対策としての在宅勤務調査　会議版」
〈https://www.okamura.co.jp/company/wil-be/pdf/202004_FlexibleWorkReport_Meeting.pdf〉

CHAPTER 4

黒川紀章（一九八九）『新遊牧騎馬民族 ノマドの時代――情報化社会のライフスタイル』徳間書店
本田直之（二〇一二）『ノマドライフ――好きな場所に住んで自由に働くために、やっておくべきこと』朝日新聞出版
牧本次生、デビッド・マナーズ（一九九八）『デジタル遊牧民――サイバーエイジのライフスタイル』工業調査会
エティエンヌ・ウェンガー、リチャード・マクダーモット、ウィリアム・M・スナイダー／櫻井祐子〈訳〉（二〇〇二）『コミュニティ・オブ・プラクティス――ナレッジ社会の新たな知識形態の実践』翔泳社
カル・ニューポート／門田美鈴〈訳〉（二〇一六）『大事なことに集中する――気が散るものだらけの世界で生産性を最大化する科学的方法』ダイヤモンド社
ジーン・レイヴ、エティエンヌ・ウェンガー／佐伯胖〈訳〉（一九九三）『状況に埋め込まれた学習――正統的周辺参加』産業図書
ジャック・アタリ／林昌宏〈訳〉（二〇〇八）『21世紀の歴史――未来の人類から見た世界』作品社
リチャード・フロリダ／井口典夫〈訳〉（二〇〇八）『クリエイティブ資本論――新たな経済階級の台頭』ダイヤモンド社
厚生労働省「副業・兼業の促進に関するガイドライン」
〈https://www.mhlw.go.jp/file/06-Seisakujouhou-11200000-Roudoukijunkyoku/0000192844.pdf〉
高度情報通信ネットワーク社会推進戦略本部「世界最先端ＩＴ国家創造宣言」
〈https://www.kantei.go.jp/jp/singi/it2/kettei/pdf/20150630/siryou2.pdf〉
高度情報通信ネットワーク社会推進戦略本部「世界最先端ＩＴ国家創造宣言・官民データ活用推進基本計画」
〈https://www.kantei.go.jp/jp/singi/it2/kettei/pdf/20170530/siryou1.pdf〉
総務省「関係人口ポータルサイト」
〈https://www.soumu.go.jp/kankeijinkou/〉

内閣府「平成30年版　子供・若者白書」
〈https://www8.cao.go.jp/youth/whitepaper/h30honpen/index.html〉

日本生産性本部「労働生産性の国際比較２０２０」
〈https://www.jpc-net.jp/research/assets/pdf/report_2020.pdf〉

日本政府観光局「年別訪日外客数、出国日本人数の推移」
〈https://www.jnto.go.jp/jpn/statistics/marketingdata_outbound.pdf〉

ランサーズ「フリーランス実態調査2020」
〈https://speakerdeck.com/lancerspr/huriransushi-tai-diao-cha-2020〉

ＩＴ戦略本部「e-Japan戦略Ⅱ」
〈https://www.kantei.go.jp/jp/singi/it2/kettei/030702ejapan.pdf〉

ＩＴ戦略本部「ＩＴ新改革戦略　政策パッケージ」
〈https://www.kantei.go.jp/jp/singi/it2/kettei/070405honbun.pdf〉

EPILOGUE

金光淳（二〇二〇）『「３密」から「３疎」への社会戦略——ネットワーク分析で迫るリモートシフト』明石書店

経済産業省「ＤＸレポート２　中間とりまとめ」
〈https://www.meti.go.jp/press/2020/12/20201228004/20201228004-2.pdf〉

リクルートキャリア「働く喜び調査」
〈https://www.recruitcareer.co.jp/company/vision/pdf/%E3%80%8C%E5%83%8D%E3%81%8F%E5%96%9C%E3%81%B3%E8%AA%BF%E6%9F%BB%E3%80%8D%EF%BC%97%E5%B9%B4%E9%96%93%E3%81%AE%E5%A0%B1%E5%91%8A%E6%9B%B8.pdf〉

Gallup「State of the Global Workplace」
〈http://www.managerlenchanteur.org/wp-content/uploads/Gallup-State-of-the-Global-Workplace-Report-2017_Executive-Summary.pdf〉

ワークスタイル・アフターコロナ

「働《はたら》きたいように働《はたら》ける」社会《しゃかい》へ

2021年3月19日　第1刷発行

著者　松下慶太《まつしたけいた》

装丁　小口翔平＋加瀬梓（tobufune）
校正　内田　翔
DTP　臼田彩穂
編集　木下　衛
発行人　北畠夏影
発行所　株式会社イースト・プレス
〒101-0051　東京都千代田区神田神保町2-4-7 久月神田ビル
Tel.03-5213-4700　Fax.03-5213-4701
https://www.eastpress.co.jp

印刷所　中央精版印刷株式会社

ISBN 978-4-7816-1964-4